● 心輔叢書

三歲看大 七歲看老
孩子關鍵期的教育策略

楊桂花、張麗 主編

抓住了關鍵期，
家庭教育必將事半功倍。
親愛的爸媽，
請手握成長密匙，
開啟孩子成長的神祕之門，
靜待那小宇宙的爆發‧‧‧

崧燁文化

目錄

目錄

總序

緒論 走進孩子成長的關鍵期
    一、何為「關鍵期」..7
    二、把握關鍵期..10

第一章 三歲看大，七歲看老（行為章）
    第一節 隱藏的「文件夾」——2～4歲，培養孩子條理性的關鍵期....15
    第二節 糖果對於孩子的誘惑——3～8歲，培養孩子自制力的關鍵期.19
    第三節 紅燈停，綠燈行——2～7歲，建立孩子規則意識的關鍵期....25

第二章 學海無涯，快樂作舟（學習章）
    第一節 興趣是最好的老師——2～5歲，培養孩子學習熱情的關鍵期.31
    第二節 書中自有黃金屋——6～8歲，培養孩子閱讀興趣的關鍵期....36
    第三節 好習慣是成功的開始——小學時代，培養孩子學習習慣的關鍵期..41
    第四節 「行」德「質」高——中學時代，培養孩子學習品行、品質的關鍵期..46

第三章 你若盛開，清風自來（自我章）
    第一節 你若愛我，我自為王——0～3歲，培養孩子安全感的關鍵期.53
    第二節 我非花草，我是小鳥——1～3歲，培養孩子自主性的關鍵期.58
    第三節 人恆過，然後能改——7～9歲，孩子天性釋放的關鍵期......62
    第四節 紛紛擾擾我是誰——青春期，孩子自我同一性建立的關鍵期..67

第四章 家非襁褓，而是學堂（親情章）
    第一節 天使，還是惡魔——6歲以前，培養孩子善良的關鍵期........73
    第二節 我的分你一半——3～5歲，培養孩子學會分享的關鍵期......78
    第三節 站錯隊的「音符」——3～6歲，培養孩子自信的關鍵期........83

第四節 控制好心中的「小惡魔」——把握好孩子情商教育的兩個關鍵期......88

第五章 近朱者赤，近墨者黑（友情章）

　　第一節 小手牽小手——2～6歲，孩子人際交往智慧成長的關鍵期......95

　　第二節 交友有「道」——9～15歲，孩子友誼親密的共享階段......100

　　第三節 衝突如結，真心來解——12歲以後，孩子相互依賴的友誼階段......105

　　第四節 學會拒絕，也是一種能力——中學時代，要培養孩子勇敢地說「不」......111

第六章 窈窕淑女，君子好逑（愛情章）

　　第一節 王子與公主——4～6歲，孩子心理發展經歷的「婚姻敏感期」......117

　　第二節 愛應先知而後行——國中階段，幫助孩子樹立正確的戀愛觀......122

　　第三節 意外的情書——中學時期，如何應對孩子頻頻出現的「早戀」......127

　　第四節 底線與盲區——高中時期，如何教孩子親密關係的小知識......133

第七章 崇仁尚德，厚德載物（品性章）

　　第一節 生命的重量——1.5～4歲，培養孩子人文關懷的關鍵期......139

　　第二節 幸福的樣子——兒童期以前，培養孩子幸福觀的關鍵期......144

　　第三節 這件事，我負責——小學期間，培養孩子責任感的關鍵期......150

　　第四節 「言必信，行必果」——6歲以前，培養孩子誠實守信的關鍵期......156

　　第五節 走一步，再走一步——3～6歲，培養孩子勇敢的關鍵期......161

後 記

總 序

　　孩子的健康成長關係著千家萬戶的幸福,更關係著中華民族的未來和希望。家庭是一個孩子在從出生到走入社會的過程中重要的生活空間,是培養和教育孩子的重要園地。家庭教育是學校教育的重要延伸和必要補充,具有不可替代的特殊作用。

　　家長們在面對孩子時會遇到各種特殊情況和疑難問題,如何開展家庭教育、指引孩子健康成長,本叢書提供了一系列的「診斷」和建議。在編寫過程中,編者們參閱了大量國內外家庭教育方面的經典案例,結合兒童和青少年的身心特點和成長規律,文字通俗易懂、生動形象,能讓您在輕鬆快樂中感受、領悟、學習、借鑑,也能讓您在實踐應用中有所收穫,與孩子一起成長、共同進步,共建和諧美滿的愛心家園。

　　整套叢書選擇了多個當下家庭教育和家庭關係處理中的熱點問題,分別從「好父母好教育」「隔代教育藝術」「留守兒童教育」「單親家庭教育」「青春期教育」「孩子關鍵期教育」「獨生子女教育」「和諧家庭建設」等視角進行了研究,並提出了解決問題的辦法和有益的借鑑,指出了改進教育的理念方法和有效措施,解答了家庭教育中普遍存在的突出問題,不僅形式上有所創新,內容上與時俱進,而且有較強的可讀性,具有普遍的推廣和指導價值。

　　透過此套叢書,我們由衷希望家長朋友們能全面系統、直截了當地認識到,家庭教育是建立在血緣親情基礎之上的教育,不同於學校教育,更不同於社會教育,有其自身的特殊性,在孩子的健康成長中起著不可替代的基礎性和保障性的作用。然而現實中,有的家庭忽視了家庭教育,讓孩子錯失了很多本來很好的成長機會;有的家庭雖然重視家庭教育,但沒有章法,不懂得必要的心理學和教育學知識,科學性不夠。這兩者顯然都無法完整地實現家庭教育的功能。科學合理、充滿善意、溫暖和諧的家庭教育,往往決定了孩子的成人心智、成長水平、成才後勁和成功高度。為了我們共同傾注愛和

總序

關懷的下一代，為了我們共同期望的未來社會的棟梁之才，我們需要對家庭教育高度重視、不斷反思、探索總結、終身學習。

家長朋友們，教育是一項極為複雜、沒有常式的心靈事業，因為每個孩子和家庭的情況都有很多不一樣的地方。因此，在具體的教育過程中，希望家長朋友們一定要因人而異、因勢利導、順勢而為，針對不同的情況，適時更新教育理念，適時轉變教育觀念，選擇正確、合理的教育方式，才能達到較為理想的教育效果。

世界上有許多事情可以等待、可以重來，唯獨孩子的成長不能等待、不可重來。毫無疑問，家庭教育是一項極為神聖、永無止境的靈魂事業，讓我們共同堅守、共同努力，傾注關愛和熱情，提供氧分和空間，幫助引導孩子仁心向善、天天向上、揚帆向前、一生精彩，讓您的家庭真正成為愛的港灣和心靈的家園！

叢書由廖桂芳教授擔任總主編，由魏巍、鄧杉、鄭廷友三位副教授擔任副總主編，由一線優秀教師聯袂編寫而成。系列叢書編寫者中有大學生的人生導師，有中學班導師，有小學的辛勤園丁，還有教育培訓機構的培訓老師。我們透過講故事、找問題、給對策和提建議的方式，和每一位家長一起來為孩子的成長尋找合理的方向和適當的道路。親愛的家長們，沒有哪一條路是最好的，也沒有哪一種方法是通用的，但是我們的心卻都一樣——「放孩子們到寬闊光明的地方」。懷著這樣的願望，我們和您一起分享這套書，希望您的孩子有一個海闊天空的世界，伴著智慧和勇氣，去跨越，去成長！

編者

緒論 走進孩子成長的關鍵期

一、何為「關鍵期」

曾經有位非常受人尊敬的學者，在一次聚會上，一名記者向他問道：「您獲得了這樣大的成功，那麼請問在您的一生裡，您認為最重要的東西是在哪所大學、哪所實驗室裡學到的呢？」

這位白髮蒼蒼的學者平靜地回答道：「是在幼兒園。」記者感到非常驚奇，又問道：「怎麼會是幼兒園呢？在幼兒園能學到什麼呢？」

學者微笑著回答：「在幼兒園裡，我學會了很多很多。例如，把自己的東西分一半給其他小夥伴；不是自己的東西不要拿；東西要放整齊；做錯了事要表示歉意；學習時要多思考，要仔細觀察大自然；學習欣賞音樂和一切美好的事物。我認為，這就是我學到的全部東西。」在場所有的人對這位學者的回答都報以熱烈的掌聲。

不少父母都聽說過這個故事。但是他們在感嘆兒童早期教育重要性的同時，卻沒看到故事背後隱藏的一個黃金般的概念——關鍵期。

（一）關鍵期的由來

所謂關鍵期，是指孩子在成長的過程中，受到內在生命力的驅使，在某個特定的階段，專心吸收環境中某一事物的特質，並不斷重複實踐，心智從一個層面上升到另一個層面的過程。簡單地說，就是孩子的心理、能力、行為、觀念、語言等方面的發展在某一時期發展最快，最容易受到環境正面或負面影響。它是孩子學習的最佳時期。在關鍵期中，孩子如果處在適宜環境的影響下，行為習得會特別容易。在關鍵期得到充分發展的孩子，頭腦清楚、思維開闊、安全感強，能深入理解事物的特性和本質。美國著名的心理學家布魯納在談到兒童發展關鍵期時也曾經說過：「孩子在6歲前，1年的教學效果也許是以後8～9年的教育都難以達到的。」兒童發展關鍵期的重要性可見一斑。

關鍵期的概念最早並非應用在教育中。這是荷蘭生物學家德·弗里在研究動物成長時，首先使用的名詞。後來奧地利習性學家勞倫茨發現，小雁、小鵝、小鴨等在出生後數小時就會跟隨自己的母親。但是，如果在它們剛出生的時候就把它們與母親分開，不久，這些小動物就再也不會跟隨自己的母親了。這說明動物某些行為的形成有一個關鍵時機，一旦錯過這個時機，有關行為就再也不能形成了。小動物的其他行為也有類似的情況。勞倫茨稱這種現象為印刻，那麼印刻發生的時期就叫做關鍵期。

著名的幼兒教育思想家和改革家蒙臺梭利博士對關鍵期的概念做了進一步的研究和發展。他在長期與兒童的相處中，發現在兒童的成長過程中也會產生和小動物同樣的印刻現象，因而提出了關鍵期的原理，並首次將它運用在幼兒教育上。

（二）關鍵期的內容

其實，關鍵期並非僅僅存在於幼兒期，從一個孩子出生到其青年初期都伴隨著心理發展的關鍵期。

1～3歲是一個孩子言語發展的關鍵期。學習語言對成人來說，是件困難的大工程，但幼兒能很容易地學會母語，這正因為幼兒具有自然所賦予的語言敏感力。細心的家長會發現，出生2個月左右的嬰兒已經開始觀察、模仿成人的口型並發出「咿咿呀呀」的聲音。雖然他們自己主動說話的情況不多，但理解成人語言的能力卻在迅速發展。從最初單個詞的表達，到後來能說出完整的句子，從而更準確地表達自己的思想。

孩子進入幼兒園，也標誌著幼兒時期的開始，這也正是孩子智力發展和個性形成的關鍵期。就像蘇聯教育家馬卡連柯曾說的：「主要的教育是5歲以前奠定的，你們在5歲以前所做的一切，等於整個教育過程90%的工作。」

幼兒的最初意識極為單純，行為習慣也不固定，加上他們在生活中，特別是心理上對父母的依賴，使得成年人的行為舉止、思想品質容易在他們的幼小心靈上留下深刻的烙印。他們受到家庭成員間、鄰里間及幼兒園教師之

間的道德、精神和心理等方面影響，逐步形成善與惡、真與假、好與壞、是與非的最初概念。學會如何對待周圍的人和事，知道應該做什麼，不應該做什麼。孩子的個性傾向和個性心理特徵初步形成，並且很難被破壞。正像我們前面故事中提到的那位學者談到的，很多良好的行為習慣和寶貴品格都是在幼兒園中習得的。

幼兒期，不論是父母還是老師，如果給予孩子豐富多樣的遊戲活動和形象化的教育，孩子會逐漸培養起與同伴友好合作、謙讓，為別人著想、講禮貌等優良品德，並透過這些活動學會控制自己的情緒和慾望。為孩子提供豐富而適宜的益智玩具，耐心熱情地回答孩子提出的各種問題，並可經常結合孩子的生活實際向他們提出一些智力問題，都可以培養他們從小愛思考、愛觀察的好習慣。

到了六七歲，孩子的生活環境發生了一次大變動，他們進入學校開始系統接受正規的學校教育。一下子從備受父母保護的幼兒成為承擔一定學習任務和社會義務的小學生，孩子的社會地位和環境壓力的變化，促使他們心理品質產生質的飛躍。他們開始學會獨立完成學習任務，在學習過程中，逐步培養其學習品質。因此小學時期是孩子養成良好學習習慣的關鍵期。

孩子成長到十三四歲，從童年逐漸向青年過渡，也就是我們常說的少年期。對於孩子來說，這是半成熟、半幼稚，獨立與依賴並存的交錯時期，生理上的急劇變化和學習活動的變化，使處於少年期的孩子自我意識有新的覺醒，從一定意義上說，是個體的「第二次誕生」。此時孩子會向自己提出這樣或那樣的疑問：我是一個什麼樣的人？我從哪裡來？我要到哪裡去？我應該怎樣走？他們開始學會客觀地解剖自己，分析自己人格形成的原因，確定自己的發展方向並擬訂自己的人生計劃及實現措施。少年期也是對孩子個性發展具備深遠影響的時期，是制約個體人格形成、發展和重建的關鍵期。

價值觀是個體對自然、社會、人生問題的帶有根本性觀點。它的形成是由人的知識水平、生活環境等方面決定的，同時受人的情感、意志、理想、動機等個性因素所制約。處在幼兒期的孩子已經開始對人、自然及社會現象產生興趣與疑問，但尚未形成價值觀。到少年期開始對人生意義做一些零散

的、具體的探索，價值觀有了萌芽。青年初期，也就是十六七歲左右，是價值觀形成的關鍵期。進入高中階段後，隨著社會接觸的擴大，生活閱歷的積累，文化知識的增長，自我意識的發展和辯證思維的形成，孩子們會不斷加深對人生的思考，經常把社會中所接觸到的現象提高到社會價值和社會意義上來衡量，並為此不斷地展開爭論，表現出對社會問題越來越濃厚的興趣，他們逐漸學會將個人的生活目標與社會發展的總體方向相聯繫。

關鍵期是自然賦予孩子的生命助力。如果發展關鍵期在內在需求受到妨礙而無法發展時，就會喪失學習的最佳時期，日後若想再學習此項事物，就算付出更大的心力和時間，成果也不顯著。而如何運用這股動力，幫助孩子更好地成長，正是每位父母的職責。

二、把握關鍵期

（一）關鍵期應把握的一、二、三

關鍵期也被稱為「敏感期」，有錯過這個階段就不會再發生的意義，那麼如何把握關鍵期則非常重要。以下幾條建議可以幫助父母把握孩子成長發展的關鍵期。

首先，家長需要學習。如果將孩子的成長比喻成一本書，關鍵期就是每一章的大標題，我們該如何面對孩子暴風驟雨般的情緒變化，該怎麼幫助他們更好地發展，而不是簡單粗暴地用自己的意願打擾孩子呢？學習，無論是網路資源還是書籍，或是改變他們的教育工作者的講演，都會給家長們提供相應的方法。全世界的教育家傾盡一生，研究孩子成長的規律，學習它、用實踐實現和修正它，是我們每個家長應該付出的對知識的尊重。

其次，積極響應孩子的疑問，保護孩子的感受。《爸爸去哪兒》中有一期，姚明和爸爸們、孩子們一起投籃，當楊陽洋看到吳鎮宇用左手投籃成功後，生氣地噘著嘴，並且哭著說：「你沒有按照規則（投籃）。」

「我為什麼沒有按照規則做呢？」吳鎮宇疑惑地問道。

「要用右手投籃，姚明叔叔就是用右手投籃的，所有人都是用右手投籃的。」

這席話惹得大人們哭笑不得，當村長假裝批評吳鎮宇，並且懲罰吳鎮宇晚上不能用左手吃飯後，楊陽洋才放心繼續比賽。這個舉動，保護了一個 5 歲左右孩子對完整良好秩序的敏感與重視，這種「一個環節都不能錯」的感覺，在孩子看來是非常重要的。家長們尊重了孩子的這份對秩序的敏感，兒童就能逐漸形成一個真實的區別於他人的內在模式和秩序，逐漸形成自我，並在心理、意志、情感和思想上奠定其人格獨立的基礎。

最後，耐心觀察與傾聽。關鍵期的出現不是一種生物鐘，而是個體在一步步的經驗習得中所發展起來的大腦結構。它不複雜，存在於孩子細微的舉動中。以人際關係的關鍵期為例，起初，孩子會發現分享食物會與其他小朋友建立聯繫，但後來發現食物會被食用而消失，關係也因此終止，轉而分享玩具。幾個月甚至更長時間後，當對方可能因為得到了玩具而結束關係，孩子就會慢慢地發現，擁有共同興趣愛好，最終達到相互理解和喜歡的同伴，才能形成長時間穩定的朋友關係。此後，有些孩子會形成以物為中心的人際圈，如共同玩一個玩具或一種遊戲，有些孩子會在遊戲中表現出對人更感興趣，會透過人與人的關係來發展自己的智慧。比如在過家家中，表現出安排其他小朋友當孩子，自己當爸爸媽媽的舉動，相當於成人世界中的控制與被控制。有控制就有反控制，就會產生矛盾與爭執。家長應該耐心地觀察這一變化歷程，給孩子空間，懂得傾聽，向孩子提問，鼓勵和引導孩子自己去思考和處理矛盾，陪伴他們自由地完成人際關係敏感期，同時家長也會進一步瞭解孩子的個性特徵。

（二）關鍵期的可把握性

首先，有規律可遵循。世間的萬事萬物皆是有規律可循的，孩子心理關鍵期同樣如此，父母只要找到關鍵期的規律，就能充分利用關鍵期這一良好時機，採取積極的教育措施促進孩子的健康成長。把握好孩子的關鍵期，順應孩子的心理發展規律，和孩子一起度過這一敏感時期。

其次，有方法可借鑑。既然關鍵期如此重要，我們心中都會有這樣的疑問：當我們的孩子處於關鍵期的時候，我們應該怎麼辦？有沒有什麼好方法是值得我們借鑑的？其實只要我們注意觀察，就會發現許多影視作品、文學作品、社會現象中有很多正面的教育實例，我們不僅可以感受到積極教育方式的存在，還能更直觀地學習到策略方法。

有這樣一個案例，兒子上幼兒園了，母親第一次去參加家長會，幼兒園的老師對母親說：「您的兒子有多動症，在板凳上連三分鐘都坐不了，您最好帶您兒子去醫院看看。」母親聽了，心裡很難過，但在回家的路上，當兒子問她老師說了什麼的時候，母親卻告訴兒子：「老師表揚你了，說寶寶原來在凳子上坐不了一分鐘，現在能坐三分鐘了，其他家長都羨慕媽媽，因為全班只有寶寶進步了。」從這以後，這位孩子便會努力在凳子上多坐一會。這位母親既注意到兒子作為 3 歲左右孩子的心理關鍵期——幼兒開始自我約束，建立規則意識，又注意到用合適的方法去鼓勵兒子，讓兒子能夠順利度過這一敏感時期。

像這樣積極的教育方式還有許多，只要父母多關注一下現實生活中的教育實例，肯定會有所收穫。一個母親，只需聽孩子的哭聲，就能識別、知曉孩子的需求；我相信只要我們共同努力，在這些教育實例和策略方法的指引下，我們在為父為母——這個從未有經驗的角色上，會有所收穫。面對這樣一件優雅而緩慢的事情，我們可以看到自己孩子的獨特與美麗。

再次，父母的欣賞之心。世界上沒有兩片完全相同的葉子，同樣的，這個世界也不存在兩個完全相同的人。每個孩子都是獨特的存在，所以教育不應該機械地固守關鍵期，而應該積極主動地促進孩子的發展。我們可以向他人吸取經驗，但不能完全照搬。我們首先要做的是觀察、瞭解孩子的個體差異，不是隨便什麼方法策略都拿過來用在孩子身上。其實，幫助孩子度過關鍵期最重要的是我們對孩子的愛。沒有這份愛，再積極的教育方式，再好的策略方法，都不能幫助孩子度過這一敏感期。

電影《阿甘正傳》中阿甘是一個先天智障的「不正常」人，但阿甘的媽媽是一個性格堅強的女性，她要讓兒子和其他正常人一樣生活，她常常鼓勵

阿甘，要他自強不息。在母親愛的鼓勵下，阿甘開始了他一生不停的奔跑，成為一位球星、一位戰爭英雄、一位大富翁。

　　這樣的奇蹟，在一個缺乏智慧的阿甘身上不斷上演。可以說阿甘的一生是傳奇的，而他的傳奇與他媽媽的鼓勵是分不開的。他的媽媽沒有因為阿甘有病且智商不高就放棄他，反而認真觀察兒子，尋找他身上的閃光點，成就了兒子傳奇的一生。

　　只要我們付出足夠多的愛，我們的孩子將會順利地度過敏感期，成為這個世界上獨一無二的存在。最後，請深信且堅信：我們從未做過父母，我們只能努力去學習。之後我們所要做的就是陪著我們的孩子健健康康、快快樂樂地成長！

第一章 三歲看大，七歲看老（行為章）

第一章 三歲看大，七歲看老（行為章）

第一節 隱藏的「文件夾」——2～4歲，培養孩子條理性的關鍵期

引言

　　有些家長發現，孩子正式上學後，常會丟三落四，書包裡經常亂七八糟的。為此，有些家長一次次地親自給孩子檢查課本、收拾文具、整理書包，同時也會不時地對孩子進行教育引導。然而，儘管費盡了心思，效果卻不怎麼顯著。這是為什麼呢？您知道嗎？孩子的這些壞習慣是條理性差的表現。而培養條理性的最佳年齡是在孩子2～4歲的時候，在這個年齡段，孩子的秩序意識覺醒，有自己的「秩序美感」。當孩子對玩具等物件隨意丟棄時，一些家長認為那是孩子淘氣搗亂，沒有給予及時的、正確的引導。如果錯過了培養條理性的關鍵時期，事後再來補這一課，必定是要花更多精力的。

　　那麼，在孩子2～4歲時，我們家長又該如何培養他們的條理性呢？

家有兒女

　　3歲的佳玲活潑可愛、天真爛漫，是全家人的小寶貝。可是佳玲最近的行為卻常常讓媽媽感到特別的無奈。

　　媽媽經常和佳玲一起玩各種不同的玩具。佳玲最喜歡和媽媽一起搭積木，她最喜歡媽媽搭的積木了，在佳玲的世界裡，媽媽搭的積木是最好看的。媽媽搭的城堡像童話裡白雪公主住的城堡一樣漂亮。可是最近，不管媽媽搭出多麼漂亮的城堡，佳玲通通不喜歡了，明明是以前最喜歡的，現在也變得不那麼喜歡了。偏要把媽媽搭好的積木這裡換一下那裡換一下，結果最後弄得什麼都不像，可佳玲卻覺得這「四不像」的東西才是最好看的，各種「亂糟糟」最好看了。以前不玩的玩具，佳玲都會按照媽媽教的那樣，把它們好好地放起來。最近一段時間可不一樣了，佳玲每次玩完玩具以後，都不再按照媽媽教的那樣放了。她會別出心裁地按照自己的方式來擺弄。別人還不能動她的

東西，只要她發現玩具的擺放和自己擺放的不一樣了，就會又哭又鬧，非要大人把玩具按照原先的樣子擺放不可。

早晨起來給佳玲穿衣服，大夏天的她自己從衣櫃裡翻出一件毛衣，使勁兒套在頭上。媽媽說：「現在不能穿毛衣。」她卻不以為然，一邊拍著自己的頭一邊說：「大腦袋，大腦袋，穿不上。」於是媽媽找出一條裙子給她穿，她一下子爬起來跑到放髒衣服的籃子前，把本來就亂糟糟堆在一起等著洗的衣服，全都扯出來，弄了一地。媽媽被氣得夠嗆。媽媽讓她把髒衣服放進籃子裡，她卻就地玩起來，一大早弄得家裡一片混亂。

午覺睡醒了出去玩，在廣場上看到一個小夥伴的奶奶蒸了刺蝟形的小包子，人家給了佳玲一個，她很喜歡。回家媽媽也給佳玲做了包子，可是她說什麼也不吃。媽媽說：「包子的面是一樣的，餡兒也是一樣的，只有形狀不一樣，你嘗一下試試。」可是，孩子就是不吃，媽媽也無可奈何。

「佳玲這孩子有時候胡亂折騰，有時候又非要按照一個模式執行，實在不知道怎麼『討好』她。」媽媽經常這樣想。

聽你聽我

家長的無奈：混亂？教條？還是秩序？孩子會經常把自己的玩具和家裡的東西搞得亂七八糟。有時候父母收拾好了，孩子也會自顧自地把東西重新弄成亂糟糟的樣子。爸爸媽媽會覺得，孩子太沒條理了，簡直就是搗亂。

可是有的時候孩子又非常「教條」，中午吃的圓餅，晚上做成方形的就不吃了，一定要吃圓形的。不管怎麼給他解釋，這個方形的餅和圓形的味道是一樣的，是用同樣的材料製作的，但仍然無濟於事。一樣的東西顏色變了不行，形狀變了哭鬧，順序變了生氣，孩子怎麼這麼「教條」呢？讓父母感到難以理解的是孩子有時候「混亂不堪」，有時候又過分「執著」。爸爸媽媽常常會被這種看似分裂的行為搞得束手無策，甚至擔心孩子的心理健康。

實際上，父母大可不必過分緊張，條理性的產生在成長的過程中有它獨特的表現形式。

孩子的心聲：我就是覺得那樣不好看！

兩三歲的寶寶可不好惹，家長剛把他的玩具收拾整齊，他就發脾氣，有的甚至哭鬧起來。這和孩子的「領地」意識關係不大，主要是由於3歲之前的孩子對位置非常敏感，家長覺得乾淨整潔的擺放，卻大大打破了孩子的內部秩序感。這種改變對家長來說沒什麼，對寶寶來說卻是翻天覆地的變化。簡單講，你覺得好看，孩子內心卻覺得那樣不好看！

「秩序美感」影響著孩子生活的方方面面。他們認識世界不是靠理性，而是全部靠感性。包括吃飯也是這樣，他們不會思考營養成分、烹飪方法，只會考量這種吃的是否符合自己的「秩序美感」。

4歲之前，是孩子內部秩序感發展的關鍵期。這個時期如果能引導孩子形成正確的秩序性，孩子上學之後甚至長大以後都會終身受益。

和孩子一起成長

一、條理來源於環境

條理性像是一個隱藏的文件夾，如何歸類、如何命名都受到父母的影響。當爸爸媽媽覺得孩子丟三落四、混亂不堪的時候，不妨回顧一下自己的生活方式。打開自己的衣櫃看一下，衣服放得是否整齊，收拾得是否有序，空間利用得是否合理。如果孩子從小被整齊的環境感染，他的「秩序美感」就會是健康向上的。如果爸爸媽媽自己的東西都找不到，自己的衣服都堆成堆，反過來怪孩子把屋子搞亂，就不利於孩子建立和諧的秩序感。

幫助孩子建立正確的秩序感，要從小開始，更要從生活細節開始。交給孩子一個固定的容器，讓他把不玩的玩具整齊地放進去。等寶寶認識形狀、顏色之後，再給他提供其他容器讓他進行分類放置。這是一個建立秩序感的過程，也是一個玩耍的過程，寓教於樂、輕鬆容易，可要是形成壞習慣後再改就比較困難了。

二、培養孩子的條理性

1. 誰需要「條理」學習

第一章 三歲看大，七歲看老（行為章）

對孩子條理性的培養，首先需要父母進行學習，父母只有瞭解孩子在每個年齡段上的認知特點，才能更好地引導孩子形成好習慣。

孩子 3 歲之前的記憶力有限，注意力集中的時間短，意識不到「條理性」的重要，這很正常，父母也不用過分擔心。但是必要的引導是應該有的，比如告訴孩子自己的玩具要自己管理，玩過以後只有放回拿玩具的地方，下次才可以繼續拿其他玩具來玩等。這種引導要簡短清晰，因為太過複雜的要求，寶寶是記不住的。

男孩的媽媽更要有耐心，因為男孩左右腦協調能力的發展需要比女孩更長的時間，因此在年幼時，他們往往看起來比女孩更沒條理。這就要家長長時間注意自己生活的條理，讓孩子感受條理帶來的方便，比如放在固定位置的東西更好找，所以用完東西要放回原處等。

2. 我們的努力方向

培養孩子的條理性，要循序漸進，主要從以下幾個方面著手。

（1）引導孩子有順序地觀察事物

3 歲左右的孩子對世界充滿好奇心。當孩子親密接觸大自然的時候，爸爸媽媽要引導孩子有順序地觀察事物。比如孩子看到一朵美麗的花，家長可以從上到下地給孩子指認：「這是花，這是葉子，這是根……」孩子會從中逐漸學會有順序的觀察。

當孩子在家中拿玩具玩耍時，家長也可以適時地加以引導。比如，孩子拿著玩具娃娃，家長可以給孩子按順序指認娃娃：「這是頭，這是脖子，這是手臂，這是小手……」這些都能幫助孩子有條理地看待這個世界。

（2）物歸原處

把東西放回原處，家長要以身作則。孩子自己的東西，鼓勵他自己放回原處，時間久了，孩子就能形成這樣的習慣。

（3）塑造健康的「秩序美感」

孩子的生活靠的是感性，其內在「秩序美感」的外在表現形式就是條理性。當家裡擺放東西時「徵求」孩子的意見，可以使家長發現孩子的「秩序美感」是怎樣的。對正確的要加以鼓勵，對無條理的要進行恰當的疏導，讓他有一個健康和諧的內在秩序感。

家長，你今天學到了嗎？

1. 名人名言

秩序意味著光明和安寧，意味著內在的自由和自我控制；秩序就是力量……秩序是人類最大的需要，是真正的幸福所在。

阿米爾

2. 圖書推薦

西方一些「支配時間專家」，用電子計算機做了各種測定後，為人們支配時間提出許多「合理化建議」，其中一條就是「整齊就是效率」。他們比喻說，木工師傅的箱子裡，各種工具排列有序，不同長度的釘子分別放好，使用時隨手可得。每次收工時雖然把工具放回固定的位置同把工具胡亂丟進箱子裡所費時間相差無幾，而效果卻大不一樣。

節選自《做人做事做領導》

第二節 糖果對於孩子的誘惑——3～8歲，培養孩子自制力的關鍵期

引言

生活中不乏這樣的場景：媽媽拎著一堆東西領著孩子往家走，孩子纏著媽媽，讓媽媽抱，一路央求，實在不行就耍賴；孩子看電視或玩電子遊戲沒完沒了，遊戲機被強行關掉後孩子就大哭大鬧；看到糖果，孩子就忍不住吃很多……家長無奈地說：「我都是為了孩子好，他們怎麼就是不聽話？」

其實，這是孩子缺乏自制力、克制不住自己、尚不成熟的表現。

自制力來自孩子的內心，是一種心理因素，協調著孩子的行為。每個孩子的自制力都具有差異性，但這些差異更多的是源於後天的環境影響、教育和自身修養。

家有兒女

龍龍從小就討人喜愛。上幼兒園之後，龍龍表現一直不錯，家人都為有這樣一個寶貝而開心，有什麼需求也盡量滿足他。尤其是龍龍的外婆，更是禁不住小外孫一丁點兒的央求。

外婆有個「百寶箱」放在大衣櫃的最頂層，裡面藏著龍龍眼中的各種美食：巧克力、棒棒糖、話梅、果丹皮……應有盡有，這對喜歡吃甜食的龍龍滿是誘惑。

為了給龍龍解饞，外婆和龍龍約定，每天從幼兒園回來獎勵他一顆巧克力、一根棒棒糖。

剛開始，每天一顆巧克力、一根棒棒糖，龍龍總是吃得津津有味。可沒過幾天，龍龍就不滿足了，吃完了外婆獎勵的兩顆糖果就眼巴巴地望著「百寶箱」直流口水，外婆看不下去打算再給龍龍幾顆，但是被媽媽制止了。

有一天放學回到家，龍龍開心地拿出「好寶寶」獎狀給外婆看，看到獎狀的外婆高興得合不攏嘴，一下子拿了好幾顆巧克力遞給龍龍吃，還做了龍龍最愛吃的糖醋排骨。一口氣吃完七顆巧克力，龍龍覺得意猶未盡，纏著外婆還要，外婆只得再次打開「百寶箱」。

從那以後，龍龍隔三岔五就會纏著外婆多給他幾顆巧克力，外婆心疼小外孫，每次都是有求必應。

幾個月下來，龍龍的體重直線上升。直到某天，龍龍喊牙疼，到醫院一檢查，才知道龍龍的牙齒有好幾個牙洞。更嚴重的是，貪吃甜食的龍龍體重劇增，超出正常指標。醫生在瞭解情況之後，鄭重地對外婆講：「以後孩子一定要少吃甜食，牙疼和過度肥胖都是巧克力惹的禍啊！」外婆嚇了一跳說：「巧克力竟然還有這麼大的危害？！」

第二節 糖果對於孩子的誘惑——3～8歲，培養孩子自制力的關鍵期

龍龍外婆不瞭解的是：危害並不單純地來自巧克力，同樣來自無節制地貪吃巧克力，貪吃各種甜食。

聽你聽我

家長的無奈：你為什麼「不盡力」？孩子無休止地要買新玩具，沉迷於電子遊戲，動不動就大哭大鬧……父母常常束手無策，為孩子缺乏自制力而煩惱。

大多數家長發現，無論怎樣苦心婆口地勸說，甚至採取恐嚇的方式來制止孩子的某些行為，但孩子就是不聽話，學不會克制自己。

於是家長們形成這樣一種「共識」：孩子本來可以憑藉自己的能力控制自己，但在關鍵時刻不能自制，完全是他們「不願意」和「不盡力」造成的。甚至有些父母認為孩子的自制力是可以自己培養的，孩子自制力差，是他們自己不努力的結果。

在「屢教不改」的情形下，家長很容易失去耐心，採取簡單粗暴的方式規範孩子的行為。

專家的視角：孩子管不住自己，我們家長瞭解多少？學會克制自己，需要一個過程。爸爸媽媽，你們和孩子一起努力過嗎？幼兒階段，寶寶由於大腦皮質的抑制機能還不成熟，興奮過程占優勢，因而往往出現較強的衝動性，致使他們有不聽老師和家長的話、不守規則、自私任性、暴力、不願等待和忍耐堅持、容易厭倦、沒有幹勁、脾氣差等表現。

隨著年齡增長，孩子自制力依然較差是由諸多因素造成的：外界環境的誘惑太多，父母疏於正確的教育；早年未形成有始有終的好習慣；缺乏奮鬥精神等。

自制力是一個人獲得成功的條件之一。然而，很多家長卻忽略了應該從學齡前開始培養孩子自制力的重要性。

第一章 三歲看大，七歲看老（行為章）

和孩子一起成長

一、自制力差，誰的責任大

試問父母，在生活中是否遇到過類似情況：

（1）看到孩子辛苦一點就心疼，就承受不了，總在一旁噓寒問暖；

（2）忙於工作，沒時間也沒耐心照顧孩子，通常對孩子的要求有求必應；

（3）為了不讓孩子吵鬧，自己又累到無法陪伴一起遊戲和交流，只好用電子遊戲或電視搪塞過去，讓他們自行打發時間；

（4）經常因小事發牢騷，或因為孩子做錯事就大發脾氣，家庭氣氛緊張；

（5）家庭教育意見不一致，媽媽限制孩子吃零食，奶奶轉過頭就把小零食往孩子嘴裡塞；

（6）孩子想要玩具、糖果，只要稍微進行眼淚攻勢，家長就心軟下來答應孩子的要求；上述情況中，如果有三點及以上經常出現，那麼孩子自制力的形成就會相對困難，需要我們重新審視家庭教育。

二、培養堅定的意志，抵制誘惑

1. 家規，培養孩子自制力的條件

低齡的孩子沒有能力判斷和評價自己行為的適宜度，一些必要的家規可以幫助孩子養成好習慣。例如，在生活習慣方面，要求孩子準時就寢、起床，定時定量飲食，不偏食等。隨著孩子年齡的增長，可以和孩子一起制訂關於學習和娛樂的規章制度。規矩一旦定下來，孩子和家長都要嚴格遵守。

當然，規矩不要立得太多，要善於抓住主要矛盾，給孩子留一點空間。孩子最初可能不理解為什麼，但習慣成自然，便會循序漸進地培養孩子的自制力。

2. 延遲滿足，培養自制力的關鍵

延遲滿足不是讓孩子憑空等待，也不是一味壓制孩子的慾望，而是讓他們明白這樣一個道理：好多願望並非一朝一夕就能實現，必須為此付出長期的努力才行。

當孩子提出要求時，家長不要馬上滿足，而是間隔一段時間或有條件地滿足，讓孩子學會等待。延遲滿足的範圍主要是日常玩樂性、享樂性的需求。如，孩子要求去外面玩，卻又不好好吃飯，這時可以規定他如果在 15 分鐘內把飯吃完，就陪他去。

3. 遊戲，鍛鍊孩子自制力的有效方法

遊戲是幼兒形成社會適應能力的重要途徑。

創設情境，使孩子透過角色模仿來感受情節樂趣，從而讓他在遵守遊戲規則的同時學會自我控制，如老鷹捉小雞、摸瞎、捉迷藏等遊戲。設置情節生動的活動，讓孩子擔任一定的角色，如扮演警察，讓孩子在自己的崗位上堅持站崗 10 分鐘等。這都有助於孩子自制力的培養。

4. 適度獎勵，孩子堅持下去的動力

對孩子行為的督促，離不開必要的獎罰。

精神上多讚賞孩子：「你真棒，再堅持一下，一定會成功的。」物質上對孩子的獎勵不能太頻繁，最好不用「你今天堅持到最後，我就給你買玩具」之類的話。因為這會引起孩子的表演欲，不利於自制力的培養。

孩子若出現破壞性行為，家長要分清孩子破壞的有意度，從而區別對待，不能一味批評和懲罰。無意破壞是孩子身體平衡度不夠或動作不協調導致的；而有意破壞往往是孩子試探性的行為，比如把新買回來的童話書撕碎，把碗摔在地上等。

5. 巧用榜樣，感化孩子進而模仿

孩子善於模仿，易受感化。可利用文學作品及現實生活中英雄模範人物的形象，用他們那種嚴格要求自己、不屈不撓、克服困難的動人事蹟去感化孩子，給孩子留下深刻印象，進而付諸行動。

6. 親切交流，培養孩子克服困難的信心

對於幼兒來說，自己穿脫衣服、整理和收拾玩具是需要付出努力，克服一定困難而完成的。父母要多和孩子交談，讓孩子感受關心和愛護，從而使孩子產生剋服困難的信心。不要一見孩子碰到困難就立即代勞，也不要孩子一哭鬧，立刻心軟妥協，依順孩子。

7. 適度示弱，讓孩子學會克制自己

適度示弱能讓孩子的心柔軟起來，他們會因為同情父母而克制自己過分的需求。在孩子克制自己並幫助父母時，他的能力也變得強大起來。

示弱時，父母要注意當時的情形和示弱的程度。如，媽媽拎著重物而孩子要求媽媽抱時，媽媽可以蹲下來輕微地喘息著對孩子講：「媽媽也很累了，寶寶也蹲下來，我們一起歇會兒吧！」休息時，媽媽可以擁抱一下孩子，因為孩子有時耍賴是因為他時時需要父母的關愛。又如，爸爸和孩子比賽下棋或踢球時，不妨表現出大腦不好使，偶爾讓孩子贏一次，增強他們的自信心和興趣。但要求孩子關電視時，不能軟弱地請求孩子。

8. 創造機會，讓孩子集中精神完成手中的事

關注孩子平時的表現。當他做事不夠徹底時，要鼓勵他把事情做完。在孩子玩玩具或畫畫時，不要把所有的玩具和用具堆在他面前，以免分散孩子的注意力。當孩子安心做一件事時，不要隨意打斷，讓他們改做其他的事。

9. 以身作則，自制力養成的催化劑

家長要規範自身的言行，培養自制力，不僅在口中說，更要落實到行動中去。家長千萬不要在教育孩子的過程中無意識地使孩子分心。如孩子畫畫時，家長看到孩子認真的模樣覺得好玩，就去弄弄他，或給他東西吃，或在旁邊說這說那、指手畫腳。又如碰到家長自己喜歡的電視節目，就一邊看一邊吃飯，還一邊評論。

家長，你今天學習到了嗎？

一位媽媽的經驗

無論孩子做什麼事情，都要鼓勵孩子把事情做完整，即使孩子所做的事情與學習無關。某個端午節，我正包粽子，兒子覺得挺好玩，就過來摻和，鬧著讓我教他包粽子，結果無論我怎麼教，他也不會包。於是他就開始不耐煩，想去玩別的。這時我說：「你幫媽媽放棗，拿葉子，咱倆一塊兒包，中午就可以吃上了。」整個過程中我都誇獎著他，一直到他幫我把粽子包完。中午一家人吃飯的時候，我告訴他們，粽子是我和兒子一起包的。大夥兒一聽也趕緊捧場：「怪不得今天的粽子特別好吃呢！」兒子聽了以後那個高興勁兒就別提了。所以家長從日常生活的小事情中培養孩子的自制力是非常關鍵的。例如，孩子拿橡皮泥捏小動物，家長可以鼓勵孩子：「你捏得不錯，我特別想看看你捏好以後像什麼小動物。」估計孩子的興致會更高，會更有耐心捏好。

第三節 紅燈停，綠燈行──2～7歲，建立孩子規則意識的關鍵期

引言

　　俗話說「沒有規矩，不成方圓」，培養孩子的規則意識，能幫助孩子理解生活。生活中處處有規則，如：不闖紅燈，不亂丟垃圾，買東西要排隊等。有的時候小朋友往往對規則表現出不耐煩，會出現我想做什麼就要立刻做，要不然我就難受、就要發脾氣的情況。這是爸爸媽媽疏於管理，還是孩子無理取鬧？其實都不是，因為等孩子長到4歲左右時，他反倒偶爾扮演起大人來，告訴媽媽「花漂亮，不能摘」「垃圾要扔進垃圾桶」，等等，這些給人安慰的勸阻，是否表明孩子真正瞭解規則呢？其實也不是。那究竟孩子對規則怎麼看待，這個過程中他們是如何認識世界的呢？

家有兒女

　　壯壯是個「皮小子」，在家總是不聽話，出門玩耍也不聽家長招呼。爸爸媽媽總是擔心壯壯將來上幼兒園會惹麻煩。沒想到自從壯壯入了園，比以前聽話懂事了許多，有時還會對爸媽的行為進行「批評指正」。

第一章 三歲看大，七歲看老（行為章）

以前的壯壯，在家「稱王稱霸」，只要是他想要的，不管是爺爺、奶奶，還是爸爸、媽媽，一旦有人阻止，就連踢帶撓、又哭又鬧，志在必得。出門去玩兒，小朋友有新奇的東西，上去就搶。在街上看到自己喜歡的東西，拿了就走。該睡覺的時候不睡覺，想唱就唱，想叫就叫。爸爸媽媽真是頭疼死了。

入園伊始，壯壯也跟小朋友搶奪玩具。但慢慢地，他開始在家重複：「不打人不罵人才是乖寶寶」「排隊洗手，是好孩子」「別人的東西不能拿」。爸爸媽媽感到很欣慰。有次媽媽帶他出去玩，要是在過去，他不理會家長，會仗著自己身量小，從柵欄門鑽進玩耍的地方。這次，走到欄門旁時，他卻說：「要走門，要走門。」

壯壯對好吃的東西情有獨鍾，街口的生煎包，很合他的口味。這家店生意特別好，每次去買都得排隊，以前，只要壯壯「親自」到場，絕對不會等著排隊，否則會大鬧一場。媽媽怕他哭壞了身子，只能不好意思地跟前面的人商量先買。好在大家看他是小孩子，都很和氣地同意了。

某天，校車把壯壯送到街口，他又要吃，媽媽就為難地帶著他，越過人群往前走。壯壯認真地跟媽媽說：「排隊，排隊的小朋友最可愛，媽媽要排隊。」媽媽由於吃驚一時沒有反應過來，等到明白過來心裡都樂開了花。

爸爸媽媽覺得幼兒園教得好，讓孩子終於懂得了社會規則。儘管父母對此感到高興，有時候又會產生疑慮。有一次，爸爸帶壯壯坐公車，還沒有坐穩，司機師傅因為躲車，猛踩了一下剎車，爸爸抱著他，一個趔趄險些摔倒。壯壯張嘴就說：「開得太快是不對的，打他打他。」說得非常大聲，司機師傅都聽見了，爸爸很尷尬。

壯壯遵守規則，爸爸媽媽是很高興的，但是不管青紅皂白，對「違背規則」的事做出懲罰，這到底是他真的懂了規則的意思，還是為了博老師家長的表揚而假裝明白呢？這個問題，真是搞不清楚。

聽你聽我

家長的無奈：老師比父母成功？

第三節 紅燈停，綠燈行──2～7歲，建立孩子規則意識的關鍵期

孩子可能在家折騰，父母說什麼都好像沒聽見，而且精力充沛，經常搞得父母精疲力竭。晚上別人都睡了，孩子非得起來玩兒一個多鐘頭。吃飯的時候，又把吃的鼓搗得到處都是。在外邊，要什麼東西父母都得馬上滿足他，要不就哭得死去活來。父母已經是焦頭爛額了。

孩子送去幼兒園沒多久，知道按時睡覺了，睡覺時自己還喊「一二三，閉眼」。吃飯也不浪費了，吃得很乾淨。孩子很多進步讓父母覺得，自己的教育比幼兒園老師的教育失敗很多。

其實這是一個誤會，孩子的變化有教育的原因，也有他們自身成長的原因。長到一定的年齡階段，孩子才會理解一些規矩。

專家的視角：從「煩人精」到乖寶寶。

小胖2歲半的時候，簡直就是家裡的「煩人精」。想幹什麼就非得快點兒幹成，父母講道理他就發脾氣，願望一滿足就很高興，興奮得大叫。

等到小胖上幼兒園中班時，吃飯認真、作息規律，乖巧得像個「小大人」一樣。

快上小學的時候，小胖突然沒有「同情心」了。玩耍的時候，別的孩子要是犯了錯，總是說「揍你啊，弄壞了這個，打你啊」，好像一個小法官。

這是因為孩子6歲之前對規則的認識，往往與道德的發展相伴而成。道德的發展先是從無視規則開始，隨心所欲，高興就好。到他律階段，這時候完成了權威的要求，覺得自己就是乖孩子，很了不起。9歲之後，開始理解規則的作用是為了維護秩序，而不是一種一成不變的準繩。

和孩子一起成長

規則意識，並非先天就具有的。孩子規則意識的發展會經歷幾個關鍵的年齡階段。

1. 2～4歲，單純階段

第一章 三歲看大，七歲看老（行為章）

兩三歲的寶寶特別難理解父母的要求，父母定下的規矩對他們來說是沒有約束力的。因為孩子的認識有侷限，只能按照自己的願望行動，所以這個時候這些寶寶很難控制自己的願望和情感。此時孩子在生活中表現出對規則的漠視，他們無論是遊戲還是外出，只關心最終的結果和這個過程中的樂趣。

到了寶寶三四歲的時候，開始發現做事情是有限制的，這時他們發現了生活中的秩序。即便如此，他們也不能自始至終遵循秩序。往往做一個遊戲，就變換好幾次規則，還玩得很開心。

2. 4～5歲，剛剛萌芽

入園1年左右的寶寶，會逐漸發現和理解父母、老師定下的規矩，並遵守它。老師和父母提出的要求要遵守，做得到就是好寶寶，做不到就不是好寶寶。

有時幼兒園要表演節目，老師規定小朋友穿統一的服裝，此時如果媽媽忘記了，沒有按規定裝扮孩子，孩子心裡就會很彆扭，覺得自己格格不入。

在孩子成長的過程中，這一段時間父母一定要塑造「好家長」形象，在生活中主動遵守規則。老師也要提合理要求，制訂正確的規則。因為，此時孩子正在努力按照權威人物的要求做事，這些規則也是他們早期道德的準繩。

3. 5～6歲，形成階段

幼兒園大班的寶寶對規則的理解和遵守已經很到位了，但是這並不證明他們理解了規則的意義。他們認為規則是一定要遵守的，誰要是違背了規則，不管什麼原因，也是不應該被原諒的。

在他們眼裡違反規則是要受到懲罰的，至於制訂規則是出於什麼目的，違背之後怎麼補償，根本不做考慮。

如果在這些階段規則意識能被正確引導，孩子上小學的時候會表現得很懂事；如果規則意識在發展的過程中沒有被正確引導，孩子就表現得非常不懂事。

1. 有限選擇，以身作則

要解決孩子不守秩序的問題，就要給他有限的選擇。比如排隊就能拿到想要的東西，不排隊就不能得到想要的東西，讓孩子選擇。而父母也要注意自己的言行，遵守公共場所的規則。

2. 認錯要及時，表揚要趁早

父母在孩子成長中是一個權威的形象，但是權威有時犯了錯，也要及時承認，以免影響孩子規則意識的塑造。如果孩子做對了，要及時表揚，讓他明確遵守規則是正確的。

3. 懲罰要適當

偶爾讓孩子感受一次沒有秩序的生活，在這個過程中告訴孩子，遵守規矩需要克制一下自己，才能達到目的。而沒有規矩，就會很難達到自己的目的。

家長，你今天學到了嗎？

1. 影片欣賞

《查理和他的巧克力工廠》

2. 父母切記──規則不能隨意制訂

如果規則只是父母為了自己的方便和感受，同樣一件事只有當自己不能容忍時才想起，那麼家裡可能就變成隨時隨地都可能有「新規則」。這樣制訂的規則沒有尊重孩子的發展規律和特點，孩子自然也無法接受。

比如，我們都認同打人是不可以的，但現實生活中常常是小打小鬧可以（大人和孩子打鬧的時候常常這樣），打人打到別人哭、打到疼就不可以，這樣去和孩子解釋，孩子很難判斷「這件事情我到底可不可以去做」。所以，父母在制訂規則時要注意，要根據事情的性質來決定，而不是由事情的嚴重程度來決定。

再舉一個例子，網上有一則新聞說，2歲的女兒愛上了撕錢，一開始是撕5元、20元的，到後來一定要撕百元大鈔，不給就哭鬧。媽媽這才急了，

「再慣下去怎麼得了，家裡又不是開銀行的」，表示今後堅決不再給錢讓孩子撕了。

　　在這件事情上，父母就是根據事情的嚴重程度來決定是否規範孩子的行為。一開始父母可能認為不嚴重，損失也不大，不料孩子撕上癮了，事情變嚴重了才下決心制止，這樣孩子無法理解到底自己什麼時候是對、什麼時候是錯。所以，一開始就要明確地告訴孩子「錢不是你的玩具，不能玩錢，你可以玩你的玩具，如果你想撕紙，媽媽給你一些紙撕」。別因為父母的隨意性，讓孩子無法理解自己行為的界限，不理解規則的界限。

第二章 學海無涯，快樂作舟（學習章）

▍第一節 興趣是最好的老師—— 2～5 歲，培養孩子學習熱情的關鍵期

引言

　　日常生活中經常會遇到，家長逼著孩子們去上各種各樣的補習班、藝術班。但是很多孩子並不喜歡父母強加給自己所謂的「興趣愛好」。被迫學習給孩子幼小的心靈帶來了極大的影響，甚至還出現了厭學、焦慮等心理問題。這樣的「興趣愛好」的培養真的是為孩子好嗎？興趣愛好的培養是要遵循孩子的意願。「強扭的瓜不甜」，激情才是所有創造和學習的原動力。

　　2～5 歲是孩子模仿能力最強的時期，也是學習熱情發展的關鍵時期。由於這一時期的孩子們的年齡特點、身心需要，他們表現出了積極的求知慾望和獨特的認識方法。家長們應該順應他們的身心特點，採取合理、科學的方法讓孩子的學習熱情和興趣得到更好發展。

家有兒女

　　小毛是一位有自信心，學習能力強的孩子。他從讀幼兒園中班起，就開始學習小提琴。

　　一個星期一的早上，媽媽送小毛上幼兒園。剛進教室，他就取下手套，一聲不響地躲在媽媽身後，眼光也躲躲閃閃的。

　　細心的老師發現，小毛的雙手紅紅的，還有一點點腫。老師很震驚，問小毛媽媽是怎麼一回事。媽媽面露難色地說：「昨天週日，小毛不是該去訓練小提琴嗎？小毛爸爸覺得小毛練習得不夠認真，所以用尺子打了幾下他的手。這不，今天早上起來手還沒消腫。」

　　出於關心，老師又詢問了一下小毛具體情況，才得知，昨天培訓課後回到家，小毛的爸爸讓小毛把當天學習的曲子完整地拉一遍。

此時的小毛已經有點疲倦了，所以拉得有點不盡如人意。爸爸責備小毛，又要求他多練習幾遍。這時，孩子已經興趣全無了。爸爸多次提醒後，發現沒有效果，就順手拿起尺子，扳開小毛的手掌，在手心狠狠地敲打了幾下。孩子的手心立刻紅腫起來。

整整一天，小毛的情緒都很低落，也不怎麼和同伴、老師說話，頭垂得低低的。老師看在眼裡，疼在心裡。希望做點什麼事情能夠盡快幫助孩子消除心中的羞愧感。

第二天，老師趁媽媽送小毛上幼兒園的時候，和媽媽聊了起來：「小毛媽媽，我能理解你們作為家長望子成龍的心情。可是這次的事情，小毛爸爸做得有些過頭了。他這是對孩子的一種體罰，對孩子身心都是有害無益的。你看，從昨天開始，小毛就像變了一個人似的，連話都不願意多說，可以看到這件事情對他的傷害有多大。」

媽媽聽完老師的話也表現得很無奈：「其實我們何嘗不知道呢！我們也是又心疼又著急的。我和孩子的爸爸都是普通工薪階層，我們每個月能拿出那麼多錢來給孩子學習小提琴，就是希望孩子能多學一些東西，贏在起跑線上。現在社會競爭那麼激烈，好多小朋友都在參加各種各樣的興趣班、培訓班，小毛是肯定不能落後的。如果現在他鬆懈了、落後了，以後再想奮起直追不是更難了嗎？他爸爸也是太心急了，可是我們都是為了孩子好呀！」

小毛站在媽媽身後聽著媽媽的話，小小年紀的他似乎能聽懂一些。但是有一點是他最不明白的：既然爸爸媽媽是為自己好，為什麼自己一點也感覺不到快樂呢？

聽你聽我

家長的無奈：我們都是為你好。

家長都希望兒女成才。但是培養孩子對學習的熱情，應該先從培養他的興趣著手。不少父母望子成才心切，不願意孩子輸在起跑線上，抱著「自己的決定總是出於對孩子好」的想法，一廂情願地讓孩子按照他們自己設計的

方向發展，卻忽略了孩子其實是獨立的個體，而每個人的興趣又是因人而異的。

孩子的心聲：我對那些根本沒有興趣。

故事中發生在小毛身上的事情並不是特例。在不少興趣班門口，我們也都能看見哭鬧的孩子、頭疼的家長。有的孩子被爸爸媽媽強迫送進培訓班，表現得無精打采、垂頭敵目。在孩子的心裡，很不能理解爸爸媽媽的做法：「為什麼一定要我去學習我不喜歡的東西呢？」

孩子是一個獨立的個體。哪怕是幼兒，他也已經有了自己的喜惡，知道自己喜歡什麼、不喜歡什麼。孩子迫於家長的權威，或者是為了討爸爸媽媽的歡心，違背自己真實的意願去學習。他在學習過程中的情緒是高興的還是壓抑的？孩子的學習到底是滿足了誰的願望？找準了這些問題，才不會扭曲學習的意義，給孩子造成巨大的心理壓力。

和孩子一起成長

一、孩子的學習熱情是怎樣被抹殺的

現實情況下，不少家長在抱怨：孩子對學習很難產生熱情、提起興趣，一讓他們學習就想逃避。但是如果提出讓孩子出去找其他小朋友玩或者做遊戲，孩子們就一下子來精神了。有一些家長為了扭轉這一局面，便開始盲目地給孩子安排各種補習班、興趣班。但經過一段時間後，發現孩子的學習熱情不僅沒有任何增長，甚至出現了厭惡的情緒。家長浪費了金錢，孩子花費了時間，為什麼會是這種效果呢？

我們都知道，學習熱情是學習的先導，是推動孩子積極主動地尋求知識的原始動力；學習興趣也是孩子學習動機中最現實、最活躍和最強烈的心理因素。孩子一旦對學習產生了熱情和興趣，那麼他就會竭盡全力地投入學習活動中。但孩子的天性是愛玩耍的，包括任何學習，也都是基於自己的興趣和好奇而來的。如果家長不理解孩子的情況，違背孩子的意願強迫他們學習，不僅不能培養孩子的學習熱情和興趣，還會使得孩子喪失原本的好奇感。在家長們為督促孩子學習絞盡腦汁的時候，是否考慮過孩子真正的需求？是否

反思過自己的某些行為有沒有剝奪孩子自主學習的權利，抹殺了孩子學習的熱情，造成了孩子不願學習，甚至厭惡學習的局面？

二、學習熱情是可以培養的

1. 興趣才是最好的老師

如果孩子迷戀恐龍，就經常帶孩子去自然博物館，或者到圖書館為他借一些史前動物的畫冊，還可以適當買一些模型玩具，隨時在家裡上演「侏儸紀大戰」；如果孩子喜歡飛碟，就和孩子一起看看科幻書籍、電影；如果孩子喜歡繪畫，就常帶孩子看看畫展，在孩子的房間裡布置幾幅漂亮的畫作，甚至可以給孩子講述繪畫名作名家的故事。

孩子的興趣特性需要父母從幼兒期甚至嬰兒期開始捕捉和培養，並且給他足夠的時間去探索和發現。只有真正做到因材施教，孩子才不會從學習中感受到壓力和痛苦，才能自主地參與到學習中，保持持續的熱情。

2. 呵護孩子的好奇心

好奇心是孩子與生俱來的。對未知世界的觀察、探索、思索和提問，是孩子產生學習興趣和熱情的源泉，並對孩子產生積極的學習態度有深刻的影響。作為父母，一個怪異的動作，一個特殊的手勢，不同的表情，富於變化的聲音，都會激發孩子們的好奇心。

孩子的好奇心是需要父母們關注的。要常常告訴孩子對於外界知識的探索是沒有止境的，更要鼓勵孩子主動去探索和發掘。面對孩子的好問和好動，父母們應該充分利用。有時候孩子的一些小淘氣，例如把鬧鐘拆開，很多家長會認為孩子太淘氣，對孩子採取冷淡或者批評的態度。這樣會損害孩子智慧的幼芽的生長，挫傷他們求知的熱情。

當然，僅僅是對孩子好奇心的熱愛和保護還是不夠的，父母還應該有意識地激發孩子的求知慾。讓孩子積極主動地透過各種方式獲取知識、積極主動地思考，他們對學習自然就產生更多的興趣。同時，多帶孩子到不同地方遊玩，讓孩子接觸更多未曾見過的新鮮事物，開闊孩子的視野，增長孩子的見識，進一步調動孩子的積極性，激發孩子的學習興趣。

3. 創設濃厚的學習氛圍

一些家長在對孩子做出嚴格要求的同時，並沒有意識到父母作為孩子榜樣的力量。

當爸爸媽媽著迷於一本書、一幅藝術品、一方風景，甚至是一盤美味的菜餚時，別忘了讓孩子一起分享你們的喜悅，讓孩子知道到底是什麼讓大人們如此高興。孩子雖然還小，但是也可以感受到大人在學習時的熱情。

家長還可以有意識地和孩子共同學習，談論各種自然科學、人文知識。例如，一位父親曾講述了自己的一個小經歷：「有一次在看電視劇《亮劍》時，5歲的兒子跑過來問電視劇裡的各種武器。其實我自己對這些武器也沒什麼研究，自然有點語塞。但是我又不想讓兒子失望，於是第二天我就去買了一本《武器介紹》，自己邊學習，邊指著裡面的圖片給兒子講解。沒想到，和兒子度過了特別愉快的一個下午。」這位父親的經驗就是最好的例子。有時候，雖然處於幼兒期的孩子不一定都能聽得懂父母的解釋，但是父母對知識認真對待的態度和積極探索的熱情，才是給孩子最大的鼓勵。

家長，你今天學到了嗎？

1. 文章推薦

如果有一天，你能夠對父母說一句，爸媽，從今天開始，你是你，我是我，我愛你，但不為你而活，不因你而活；而父母能夠對孩子說一句，寶貝，從今以後，你是你，我是我，我愛你，但不為你未來的人生負責。你就會感到從未有過的輕鬆和自如，也會感到你對他們的愛是那麼的清爽，沒有壓力，沒有糾結。

節選自《我愛你，但並不會為你負責》

2. 目標傾斜法

心理學家告訴我們，人們在努力工作或學習時，「痛苦」的作業的前方應同時安排有快樂的報酬。也就是說，不管多麼痛苦的作業，只要前方有自己最期待的東西，就不會感覺特別痛苦。這就是「目標傾斜法」。父母們可

以利用目標傾斜法，使孩子增強學習的熱情。比如，正當孩子在看動畫片的時候，父母打斷孩子，讓孩子去完成作業，孩子會很抗拒。如果家長把作息時間調整一下，跟孩子約定好時間，等他把動畫片看完，再去完成學習任務，孩子就會比較容易接受。

第二節 書中自有黃金屋——6～8歲，培養孩子閱讀興趣的關鍵期

引言

西方有一位教育名人曾說過：「閱讀是一種終身教育的好方法。培養起孩子的閱讀興趣，使孩子喜歡讀書是父母獻給孩子的最好禮物，也是家庭教育最成功的一種標誌，孩子喜歡閱讀勝過純粹的學校教育，勝過最高級的大學文憑。」

的確，熱愛閱讀可以改變孩子的很多方面，孩子透過閱讀書籍進入了一扇扇文學的窗戶、文化的窗戶、文明的窗戶。他們學著和大師對話，與偉人交流，久而久之，人類的思想精華便積澱成了孩子的精神底蘊，使孩子受益終身。

6～8歲是培養孩子閱讀興趣的關鍵期。若家長能讓孩子從小就培養讀書的興趣，那麼，這不僅僅是在進行一項對孩子的智力開發活動、自我教育過程、人文的情感薰陶，更重要的是給孩子開闢了一條生長夢想的重要途徑，為孩子插上了夢想的翅膀，這將是父母給予子女的最大財富。

家有兒女

小毛的爸爸文化程度不高，識字也不多，但對兒子小毛卻抱著很高的期望。在小毛很小的時候，爸爸就常用老話教導他：「萬般皆下品，唯有讀書高。」對於才剛上小學的小毛來說，根本就不能理解爸爸所說話的意思。愛玩、愛鬧是孩子們的天性，小毛對閱讀書籍興趣不大，他覺得坐著一動不動的讀書實在是太無聊了。

第二節 書中自有黃金屋——6～8歲，培養孩子閱讀興趣的關鍵期

為了能讓小毛多看書、多閱讀，對閱讀產生更多的興趣。爸爸一直有每月給小毛買書的習慣，從童話故事到世界名著。幾年下來，書櫃裡塞得滿滿的，但是很少有人翻閱。

有一天小毛爸爸拿出《兒童古詩三百首》《簡單的科學》對小毛說：「兒子啊，你可不能光顧著玩，看看爸爸給你買的書。其實書中也有很好玩的東西呢！」聽爸爸這樣一說，小毛立馬就來勁了：「爸爸，書裡能有什麼東西比打彈珠、看動畫片還好玩呀？」「爸爸小時候就聽老人說過『書中自有黃金屋，書中自有顏如玉』，這兩樣就是書中好玩的、有趣的東西，你多看看書，把它們找出來。」聽了爸爸所說的「好玩的東西」，小毛的眼睛頓時亮了。

聽爸爸說完話以後，小毛便行動了起來。小毛翻開了一本又一本的書籍，只為尋找書中好玩的「黃金屋、顏如玉」。小毛找了很久都沒有找到，於是便對爸爸的話產生了懷疑。

小毛對爸爸說：「爸爸，我聽你的話翻了好多書，找了好久卻沒有找到你說的那兩樣東西。你是騙我的，對不對？」

「爸爸怎麼會騙你呢？是不是你沒仔細看，沒仔細找呀？」

小毛一副不相信的樣子：「你騙人，書裡真有那些好東西，怎麼我從沒看爸爸你看過書呢？」

爸爸聽完小毛的話竟無言以對：一直知道讀書是件好事，可我怎麼才能讓兒子愛上讀書呢？

聽你聽我

家長的無奈：孩子，你怎麼無法靜下來讀讀書。

父母都知道閱讀對孩子一生情操、品格的培養都具有重大的意義。不少家長在孩子很小的時候就開始為孩子選購圖書，希望能讓孩子早早地接觸到知識，也為以後的學習打下好的基礎。

可是，事事並不能都如爸爸媽媽的願。父母慢慢會發現要讓孩子愛上書，並不是一件輕易能做好的事情。

「我的孩子6歲半了，從小我們就開始慢慢教他識字，現在他認識的字其實不少了。可是直到現在每晚睡覺之前，他還是要求我們給他講故事，常常弄得我和他媽媽筋疲力盡，他仍然不願意自己閱讀。家裡其實有很多適合他這個年齡看的書，但是即便他無聊，也不會主動去找書看，都指望著我們給他讀。如果強迫他靜下來看看書，就會在書上亂塗亂畫。我真是著急呀！」這是一位父親的怨言。孩子不願意自主閱讀是讓不少家長頭疼的事情。總能聽見專家說「從小培養孩子的閱讀興趣是最好的家庭教育」，可是實際上孩子的閱讀興趣怎麼那麼難培養呢？

孩子的心聲：爸爸媽媽，玩具比那些書好玩多了。

「一本本的書可沒媽媽買給我的玩具好玩。」

「爸爸媽媽要我看完書以後還要學會背裡面的詩歌，我不喜歡。」

「我平時也沒看到爸爸媽媽看書呀，為什麼他們老是喜歡讓我看書呢？」

孩子不愛閱讀的理由各種各樣，不少理由是被父母們忽略掉的。父母們常常覺得孩子不愛閱讀是因為孩子太小，心不靜，實則原因各異。父母沒有提供給孩子適當的早期閱讀讀物，父母自身也不愛閱讀，不能作為孩子的榜樣，甚至有的孩子看到父母不願意和自己一起閱讀，以為閱讀對於爸爸媽媽是一件痛苦的事情。這些原因都可能會引起孩子對閱讀的反感。

讓孩子喜歡書並不是一件簡單的事情。需要父母心平氣和，需要父母有足夠多的耐心，需要父母自己也能對閱讀投入感情，在家裡營造共同閱讀的氛圍。

和孩子一起成長

一、孩子為什麼不愛讀書

書籍是人類進步的階梯，讀書是孩子淨化心靈、昇華人格的一個非常重要的途徑。

然而在當今社會，孩子成長在一個物資豐富、媒體發達的社會氛圍中，許多家庭都擁有高檔家用電器，卻沒有一個能擺放書籍的書櫃；許多家長樂

於和孩子一起欣賞歌舞表演等電視節目，卻不願意和孩子一起讀書；幾乎每個家庭都保存有球星、影星的照片、海報等，卻很難找到讀書筆記和文摘卡片；孩子聚在一起的時候談論得更多的也是流行歌曲、電影明星，很少談到經典書籍。

因此，父母肩負著一種義務和責任。那就是引導孩子喜歡書，培養孩子閱讀的興趣，循序漸進地讓孩子有愛讀書、多讀書、讀好書的意識。

二、和孩子一起攀登進步的階梯

1. 為孩子布置一個閱讀小天地

要培養孩子的閱讀興趣，需先讓孩子愛上書。家中應該有書籍、雜誌、報紙。家裡的書籍要放在孩子隨手可及的地方，餐桌、床頭、沙發靠背甚至汽車後排座位上，孩子慢慢地會對書籍產生一種親近感。這些都會讓孩子在書香的環境中成長，孩子自然會喜歡接近書，喜歡書。

另外，父母還可以利用一切機會和場所，比如固定時間帶孩子去圖書館、書店等地方，讓孩子潛移默化地接受有關書面語言的知識。孩子在圖書館、書店這樣的地方能自主地選擇自己喜歡的閱讀材料，這些都會讓孩子愜意、自由地享受閱讀的樂趣。

2. 為孩子選他愛看的書

孩子天生喜歡玩具，並非天生就愛看書。孩子愛不愛看書，喜歡不喜歡閱讀，和父母的培養方法有很大程度的聯繫。

在孩子學習閱讀的初期，父母一定要對提供給孩子的閱讀書刊進行精心挑選，書籍的內容和外觀的色彩要盡量迎合孩子的心理和喜好，不要以一個成年人的標準去衡量書籍的內容。很多家長會在給孩子購買書籍的時候，把自己認為「有用的書」選給孩子看，而「沒有用的書」就淘汰掉。有的家長甚至強行改變孩子的閱讀愛好，按照自己的標準羅列出必讀書目。美國圖書館學教師蘇姍說過一句名言：「如果您想要孩子完全按照你的計劃閱讀，那注定不會長久。」其實，對於處在兒童期的孩子，活潑可愛的小動物、兇猛奇特的怪獸比家長羅列的必讀書目要有趣得多。

因此，在培養孩子閱讀興趣的時候，父母應盡量給孩子提供一些印刷美觀漂亮、內容豐富有趣、情節發展符合兒童想像的圖畫書。先建立興趣，才能有更進一步的發展。

3. 創設親子共讀的時間

身教重於言教。只有熱愛讀書的家長才能培養出愛讀書的孩子。

家長首先要喜愛閱讀，懂得閱讀的方法，瞭解書籍的內容，這樣才能指導孩子閱讀，用自己的行為潛移默化地帶動孩子愛上閱讀。

美國著名教育家吉姆認為：讀書給孩子聽的作用「僅次於擁抱」。培養孩子養成閱讀習慣的初期，首先家長要多讀文章給孩子聽，這樣不僅可以延長孩子有意注意的時間，增加孩子的詞彙量，激發孩子的想像力，促進孩子的情感發育，更重要的是可以培養孩子讀書的興趣，從而使孩子自覺、自願地想去讀書。

另外，父母還可以經常與孩子一起交流讀書的方法和心得，鼓勵孩子把書中的故事情節或具體內容複述出來，把自己的看法和觀點講出來，然後大家一起討論。經常這樣做，孩子的閱讀興趣可能會變得更加濃郁，閱讀水平也能隨之提高。

4. 不要輕易干擾他

好奇、好動、缺乏持久力是孩子普遍的心理特點，我們不能過早要求孩子像成年人一樣，長時間將注意力集中在同一件事情上。因此，在孩子的早期閱讀過程中，他們往往不太可能把一本書從頭到尾看完，喜歡一會兒翻看這本，一會兒翻看那本。對此，請父母們不要急於向孩子發火或者表示失望。只要孩子不是故意撕毀或亂扔圖書，家長就不需要過多干涉。只要孩子願意把一本書拿在手裡津津有味地翻看，家長就應該鼓勵孩子。家長們要知道，這是符合孩子早期閱讀心理的，同時也是孩子在閱讀求知道路上邁開的重要一步。

家長，你今天學到了嗎？

培養孩子閱讀興趣的方法有很多，下面就給父母們介紹兩種實用且操作方便的方法。

1. 討論法

父母和孩子一起圍繞共同閱讀的圖書，提出一定的問題，圍繞問題進行相關的討論，幫助孩子更好地理解和閱讀圖書。可以一邊朗讀或講故事，一邊與兒童進行討論；也可以是閱讀後進行討論。在討論中，父母還可以進行一定提問，引導孩子進行觀察和描述，回憶和比較。同時，父母也要激發和鼓勵孩子提問，互相探討問題。

2. 故事表演法

孩子在獨立閱讀完圖書之後，父母可以引導孩子，以玩偶或者自己扮演的形式，把圖書故事中的主要情節表演出來。在表演的過程中，可以鼓勵孩子模仿故事裡的各種動物的動作、叫聲，模仿各種人物的活動姿態、行為和動作。並啟發孩子把日常生活中自己觀察到的、看到的，人們說話的表情、語氣等運用到表演中，增強孩子對書本內容的體驗。

第三節 好習慣是成功的開始——小學時代，培養孩子學習習慣的關鍵期

引言

「老師多次反映，我家小孩上課注意力不集中。他剛上小學那會兒，為了督促他，我專門騰時間看著他學習，一轉眼他讀四年級了，也已經養成被人看著才能認真學習的習慣了。」

「我家孩子總是要花很長時間才能完成作業，而且效果還不好。翻開作業本，滿滿的叉，愁得我呀……」

諸如此類的現象，家長們可能不會覺得陌生。孩子在學習上的「不給力」，其實更多的是因為沒有養成良好的學習習慣。

第二章 學海無涯，快樂作舟（學習章）

相關研究表明：良好的學習習慣有利於激發學生學習的積極性和主動性；有利於形成學習策略，提高學習效率；有利於培養自學能力，提高學生素質，使學生終身受益。而不良的學習習慣則會降低學習效率和學習效果，進而限制孩子一生的發展。

小學時期是孩子養成良好學習習慣的關鍵期。那麼，作為家長又該如何給予引導呢？

家有兒女

小宇今年讀小學三年級了，他的成績在班級裡一直都保持在中等偏上的位置。爸爸媽媽雖說期待著小宇能夠衝進班級前列，但鑒於各方面原因，對兒子目前的成績排名也還算滿意。

小宇的爸爸媽媽都是工廠的普通職工，每天上班的時間比較長，回到家中也是忙著操持家務。雖然也覺得應該多花點精力輔導兒子學習，但實在是心有餘而力不足。對於這一點，爸爸媽媽也沒太多擔心，因為他們認為，孩子學習方面的事情主要還是靠學校老師來管教。

每天下班回來，爸爸媽媽會習慣性地問：「小宇，今天的作業做完了嗎？」當他們得到的答案是「寫好了」的時候，便不會再多說什麼，就接著去忙活自己的事情了。但他們沒注意到的是，每次小宇寫作業時，總是打開電視機，習慣性地邊寫作業邊看電視。起初，爸爸媽媽會禁止，但小宇的爸爸在小宇做作業時也會偶爾打開電視看看新聞。而且，小宇也說：「寫作業的時候，如果旁邊開著電視，我會寫得快一點。因為想到寫完了，就可以好好看電視啦！」

按照這樣的節奏，小宇的三年級度過了四分之一。這天，學校的期中測驗成績出來了，小宇考得很不理想，語文和數學都只考了五十幾分。這是有史以來的最低分。放學後，小宇懷著忐忑的心情回到家，因為班導師要求他們把試卷帶回家讓父母簽字。等父母下班回來後，小宇不安地把試卷遞到爸爸面前，望著試捲上那鮮紅的數字，爸爸驚呆了。他接連地問：「怎麼才考這點分？你不是每天都按時完成作業了嗎？……」

第三節 好習慣是成功的開始——小學時代，培養孩子學習習慣的關鍵期

小宇耷拉著腦袋，用手指了指試卷下方老師的評語：「三年級是轉折期，對學習方法和學習習慣有新的要求，還請家長能正確引導孩子，幫助他養成良好的學習習慣，運用適宜的學習方法……」

看到兒子第一次考試不及格，再細想老師留的這一段評語，小宇的爸爸陷入了深思。他決定要盡快去學校一趟，跟班導師進行交流。更重要的是，要請教一下老師，如何督促孩子養成良好的學習習慣。

聽你聽我

家長的無奈：這不是學校老師的事兒嗎？

不少家長認為，作為父母，主要是滿足孩子吃、穿等物質需要，而教書育人則是學校和老師的職責。因此，不少家長把孩子送到學校後，幾乎就撒手不管了。他們把教育孩子的責任全都推給了學校和老師。當然，有的父母因為自身知識素養有限，或忙於生計，對孩子的教育呈現出心有餘而力不足的狀態，無法或無力承擔家庭的教育責任，所以把希望完全寄託於學校和教師。

此外，對於一些父母而言，他們還有一種固定的思維。那就是，讀書學習是孩子自己的事情，作為父母，我不能代替他們寫作業，更不能代替他們去考試。因此，他們只要求孩子要聽老師的話，上課要聽講，下課完成好老師布置的作業，考好每一次試。他們更多關注的是孩子學習的結果，而對學習過程以及在這過程中家長應該造成的監督引導作用卻沒有給予足夠的關注。

專家的視角：孩子茁壯成長，家庭教育應跟上。

學校和教師並不是教育的唯一主體，家庭教育是孩子成長過程中不可或缺的重要組成部分。如果孩子在家裡沒有接受良好的家庭教育，沒有形成良好的生活習慣和學習習慣，那麼，將來也很難適應正規的學校學習生活。即使在學校，孩子養成了好的學習習慣，但如果沒有父母的教育與監督，孩子也未必能把好的習慣堅持下來。孩子畢竟是孩子，他們的自制力和自我管理的能力還非常有限。如果家庭教育缺失，孩子的發展也必然受限。

和孩子一起成長

一、誰讓孩子「習以為常」

孩子形成不良的學習習慣，家長可能在不經意間成了「始作俑者」。

教育實踐顯示，小學是孩子形成學習習慣的關鍵期，尤其是小學低年級階段。如果孩子能在學習態度和方法上定好位，那麼即使將來步入國中、高中，也能夠較快適應新的學習環境。

然而，很多家長從一開始就沒有意識到，對於上小學的孩子來說，養成良好的學習習慣才是重點。此外，對於孩子不恰當的學習習慣，如學習的時候三心二意、做作業拖拉，有的家長雖然覺察到不妥，但只是一味地指責孩子不認真，卻沒有及時矯正並引導孩子養成正確的學習習慣。甚至有的學校要求孩子回家做完作業要父母檢查，家長卻以各種理由推脫，這也會給孩子造成「爸爸媽媽都不管我學習，我還那麼聽話幹嘛？」的想法。久而久之，孩子便對壞的學習習慣習以為常了。

二、好習慣，我們一起養

1. 認真專注的習慣

專注是剛入學的孩子最急於養成，也是最為重要的學習習慣。家長們可以從以下兩點入手。

第一，給孩子營造安靜的學習環境。孩子學習或做作業時，家裡環境要盡可能保持安靜。切勿當孩子在認真寫作業時，家長卻在一旁看電視或進行打麻將之類的娛樂活動。更需要避免的是，家長不能在孩子寫作業的時候總是催促或任意干涉，那樣會讓孩子對學習產生厭惡的情緒。

第二，要求在規定的時間內完成作業。家長可以根據孩子的作業量與他商量完成的時間，防止孩子形成邊學習邊玩耍的壞習慣。而如果作業量超過了孩子注意力保持的時間，也可以分割作業任務，分段完成。這樣不僅有利於集中孩子的注意力，而且能夠使孩子的學習有張有弛，提高學習效率，避免厭惡心理的產生。

2. 獨立思考的習慣

孩子學習的目的之一是發展思維技能，而不少父母和教師往往忽略了這點。因此出現了許多學習成績好，但思維能力差的「高分低能」的孩子。

因此，當孩子在學習、生活中遇到問題時，家長不要急於告知答案，可以與孩子一起討論、共同設計解決方案。在這個過程中，引導孩子分析、歸納、思考解決問題的方法與程序，有助於提高孩子的思維能力和解決問題的能力。

3. 把握學習過程的習慣

一般情況，課程的學習過程分為預習、聽課、複習和寫作業四個階段。因此，要讓孩子高效學習，家長在這四個階段都應該給予引導。當然，家長想二十四小時都盯著孩子學習，這是非常不現實的。授人以魚不如授人以漁。家長可讓孩子先瞭解學習的過程，真正做到課前預習、課堂專注聽講、課後複習，並認真寫作業，這樣才能達到事半功倍的效果。

（1）關於預習

課前預習可以為課堂學習中可能會出現的重難點提供知識儲備，提高聽課效果，也可以加強記課堂筆記的針對性，改變學習的被動局面。

（2）關於專心聽課

如果認為「上課不聽沒關係，反正有書，課下可以再看」，那麼學習效率會大打折扣。這樣，不僅浪費了上課的寶貴時間，更重要的是增加了課後的學習負擔。

（3）關於及時複習

根據遺忘曲線，新知識學習後的一兩天，遺忘速度最快，然後逐漸緩慢下來。因此，對剛學過的知識，如果及時複習，可以加深和鞏固對學習內容的理解，避免急速遺忘。

（4）關於及時完成作業

作業是為了及時檢驗學習的效果，透過做作業可以自我檢測知識點的掌握情況。所以家長應鼓勵孩子及時完成作業，也可適當地運用物質或精神獎勵的方法來激勵。

家長，你今天學到了嗎？

兒童心理學家陳鶴琴「不贊成有問必答」這一教育方法。他提倡利用兒童的好奇心，引導孩子獨立思考和探索。有一天，陳鶴琴同他5歲的兒子到郊外散步。遠處一個小孩在那裡放風箏，兒子就問他：「那個小孩在那邊做什麼？」他回答：「你要去看看嗎？」說著就與兒子一同前往。走過去後，陳鶴琴對兒子說：「哦！那個在空中的東西多好看！你看那個小孩手裡捻著什麼東西，要走近去看一看嗎？」兒子好奇地去一探究竟，回來後帶著信心十足的口吻對父親說：「天空上的是風箏，手裡的是線。」然後，陳鶴琴立即領著兒子到街上去買紙、竹等材料，回家後就做了一個風箏給兒子，以茲鼓勵。

第四節 「行」德「質」高——中學時代，培養孩子學習品行、品質的關鍵期

引言

談到孩子的學習，很多家長的原則是：只要孩子能夠學習好，什麼條件都答應。但讓家長意想不到的是，很多孩子在學習上還是會出現額外的問題：上課不好好聽課，迷戀玩手機和上網，考試弄虛作假，老師和家長的話全都當作耳邊風，等等。遇到這樣的情況，老師往往會把學生訓斥一頓，或者叫來家長，對家長一番「至理名言」。家長回家後，「為了找回臉面」將孩子大罵一頓或暴打一通。三五天的「良好效果」之後，孩子依舊是「舊事重演」。

對中學生而言，他們正處於積極思考和良好學習品質形成的關鍵期，我們不能只注重孩子的智力和分數。此外，對孩子學習品行及品質的培養也要掌握切合青春期孩子心理特徵的方式方法，避免簡單粗暴。

第四節 「行」德「質」高——中學時代，培養孩子學習品行、品質的關鍵期

作為家長，我們應該怎麼做呢？

家有兒女

13歲的小樂正在讀初一，雖然他的成績一般，但他陽光積極，學習態度端正。

媽媽對小樂的成績非常關心。每次考試之後都會嘮叨一通：「我跟你說啊，你必須保證成績至少在班級前五，這樣才對得起昂貴的擇校費，不然將來讀高中又是高價，別那麼不爭氣啊……」

小樂拿著本次月考的成績單，想著媽媽平時的嘮叨，頭都要炸了，真想掉頭回學校。不過轉念一想，幾次月考下來，每次都有一點進步，正在逐漸接近媽媽的標準。他心裡暗自鼓勁兒：也許媽媽會看到我的進步！

小樂一進家門，還沒來得及解釋，媽媽就問：「這次多少分？排名多少？」小樂見媽媽這樣直接，便不情願地拿出試卷和成績單。

「怎麼還沒考到前五，給過你多少次機會了？」媽媽氣憤地責備著小樂。

「前五，前五，你就知道前五。你怎麼就看不到我的進步呢？」小樂委屈地反問道。

「這就能保證你上重點高中？看看隔壁的小朵，進國中時的成績還沒你好，人家現在班級前三。下次月考，進不了前五，你就待在學校好好學習，別回家了。回家既浪費時間，又惹我生氣。」

說完這些話，媽媽便繼續忙活兒。小樂心裡交織著氣憤和委屈，但他卻比以往更發奮學習了。

很快迎來了第二次考試，小樂則輾轉難眠：「能進前五嗎？為了安全起見，要不然……」幾經猶豫，小樂決定「做小抄」。最終他取得了「優異」的成績。雖說心裡有些彆扭，但最終贏得了媽媽的認可，還得到了很多物質獎勵。為了保持「光環」，小樂走上了作弊的「不歸路」。

終於在某次考試中，小樂作弊被老師抓到。在與父母、老師的交談中，小樂承認了以前自己成績的虛假性。聽到這個痛心的答案，媽媽不解地問小樂為什麼要這樣做。小樂卻反問道：「考不好你罵我，如今考好了你也罵我，你到底要我怎麼樣？」

聽你聽我

父母的無奈：孩子，我做的這一切都是為了你。

在我們很多家長眼裡，孩子學習成績優秀，才能考上名牌大學，才能找一份體面的工作，我們家長和別人談話才會更有底氣。所以，我們特別關心孩子的學習，無意間也會對孩子提出各種各樣的要求：規定必須考多少分；家務活不用孩子插手，連襪子內衣都替孩子洗好，就是騰出時間讓孩子全力學習；甚至不惜金錢，為孩子報各種補習班等。孩子在學習上稍微出現一些問題，我們就緊張、焦慮，開始無休止的嘮叨、訓斥：「孩子，我們這樣做就是為了你有一個美好的將來！」

孩子的心聲：爸爸媽媽，我們不是學習機器。

父母只關心我的分數，他們不斷催促我學習，從來不問我心裡的感受是什麼，是否有壓力。作為成長中的孩子，我有好多心事和疑惑，可他們從來不聽我訴說。只要我一開口，他們就要我學這個、學那個的講個沒完，好像我不是他們的孩子，而是一個學習機器，我簡直快煩死他們了！有時候，我考不好是有原因的，但父母從來不聽我解釋，只知道一味訓斥，說我沒努力、沒用心……我能怎麼辦？難道生下我就是為了讓我科科考第一嗎？我完全被父母封閉在「學習、學習、再學習」的狹小空間內，連喘息的機會都沒有。

和孩子一起成長

一、「學習問題」如此多，究竟誰之過

「子不教，父之過。」為人父母，在教育孩子的過程中需要講方法，對孩子學習的關心更要把握尺度，這樣才能成為合格的「學習型」家長。但是，面對孩子的學習問題，我們卻經常失控。

第四節 「行」德「質」高——中學時代，培養孩子學習品行、品質的關鍵期

有的家長強行包攬有關孩子的一切事務，騰出時間讓他們學習，卻忽視了孩子其他能力的發展，導致孩子自理能力和抗挫折能力的缺乏、人格發展的不平衡；有的家長只關注孩子的學習效果，比如作業完成了沒有，考了多少分，排名多少，卻很少考慮自己的談話方式會不會讓孩子難以接受。家長很少關注孩子的學習過程，很少關注孩子的心理需要，忽視了學習本身是一種過程。對孩子學習的關注更應該是一種過程。這個過程包括關注孩子每天的學習習慣、學習態度、學習困難等。

「孩子什麼也不用管，只要一門心思把學習搞好」，成為我們家長的共同心願。但如何幫助孩子真正地搞好學習，而不單單成為學習、考試的機器，這是家長必須掌握的一門學問。

二、「行」德「質」高，家長有責

1. 尊重知識和學習，為孩子做好表率

我們不能總是用自己固有的生活經驗來教育孩子。家長要與時俱進，學習科學的教育方法，尊重孩子的發展規律。如可以閱讀一些發展心理學的書籍，瞭解處於不同發展階段的孩子具備的心理特點，瞭解孩子的氣質類型，以便更好地與孩子交流和溝通，建立良好的親子關係，為進一步的教育打好感情基礎。

2. 總結規律，找到適合孩子的學習風格

每個人都有適合自己的學習風格。一個人如果沒有找到適合自己個性特點的學習方法，就算再努力，也難以取得好的學習效果。比如有些孩子屬於聽覺型學習者，那麼經常收聽英語廣播可能比做 100 道閱讀理解題更有效；有些孩子屬於視覺型學習者，那麼以圖表形式直觀呈現所學知識可能比文字描述更容易讓他們接受等。所以，只有幫助孩子發現並採用適合自己個性特點的學習方法，其學習潛能才會得到最大程度的發揮。

3. 關心有度，留給孩子放鬆的空間

上了中學，孩子的學習任務加重，競爭也更加激烈，孩子在學校難免會有壓力，他們需要放鬆的空間。所以，孩子回到家裡，可以允許他們看會兒

電視、玩會兒電腦、翻閱雜誌或到室外活動一下，這是壓力釋放和精力恢復的過程。家長需要做的就是規定時間，適時提醒孩子一句：「該學會兒了！」精力恢復後的孩子大多會更容易將注意力轉移到學習上。這樣，孩子不僅能得到有效的放鬆，而且有利於培養他們的注意力。

4. 詢問講技巧，不給孩子施加額外的壓力

我們想瞭解孩子在校的情況，不能一味地追著孩子問考了多少分、考了多少名，要學會關注孩子的學習過程和學習習慣的養成。如我們可以問問孩子今天在學校過得怎麼樣；老師講課快嗎，是否聽得懂；作業能否順利完成；和同學相處得怎麼樣，有沒有鬧什麼小矛盾等。家長要多方面關注孩子的發展。

5. 指導孩子享受學習，坦然面對考試和成績

考試是檢驗學習效果的一種方式，但並不是唯一方式。所以，我們要經常告訴孩子應該做好學習計劃，把握好學習的過程，可以按照自己的興趣多涉獵一些課外知識，不讀死書。面對考試成績，做到「勝不驕，敗不餒」。

6. 花點心思，培養孩子積極良好的學習心態

學習心態是學習時的心理狀態。在最佳的心理狀態下，孩子的潛在智慧才會充分發揮。從生理學和心理學的角度看，當代中學生一般年齡為 12 歲至 18 歲，處在這個年齡段的中學生，思維活躍、個性強，可塑性也強。在這方面建議家長每週抽出一些時間和孩子聊天，不能因為工作忙而忽略孩子的存在；要鼓勵孩子表達出自己的觀點，不能不耐煩地隨便打斷孩子說話；允許孩子有自己的隱私，不能隨意翻看孩子的書包和日記等；要充分信任自己的孩子，相信他們有自我管理的能力。

家長，你今天學到了嗎？

兒子上高中兩個月了，剛剛結束了入學的第一次統考。晚上次家，他敲開我的房門：「媽媽，我睡不著，你能和我說說話嗎？」以下為對話內容。

兒子：「媽媽，你對我的成績滿意嗎？」

媽媽：「你對你自己的成績滿意嗎？」

兒子：「還行吧，感覺挺有自信的。」

媽媽：「有時候自信比成績更重要！」

兒子：「媽媽，難道你真不在乎我的成績嗎？」

媽媽：「不在乎！你想一想，我什麼時候在乎過你的成績呢？」

兒子：「小學的時候，我寫作業一不認真，你就把我的作業撕了，沒有任何餘地！」

媽媽：「我那是在乎你的學習態度。寫字不要求你寫得多麼美觀，但首先必須認真，態度出問題了，學習肯定出問題，這個人就會出問題。」

兒子：「那我中學的時候你重視我的成績，每天都關注我上課的聽講情況。」

媽媽：「那是我在乎你的學習品行。一個學生不尊重課堂就是不尊重老師，不尊重老師就是不尊重知識。不尊重知識，他的品行也好不到哪裡去！」

兒子：「那我上高中了，你肯定在乎我的成績，因為關係將來的高考呀！」

媽媽：「說實話，我真的不在乎。我在乎的是你的學習品質。一個人只有擁有良好的學習品質才能充分享受學習的過程。因為這樣，不管結果會怎樣，你都能愉悅地面對。」

兒子：「媽媽，那我考上大學後你在乎我什麼呢？聽人家說，上了大學就是玩樂，很輕鬆的。」

媽媽：「兒子，等你上大學了，媽媽就會在乎你的成績了。你想想，別人都在玩樂，都在揮霍時間的時候，而你依然堅持，最後得到實惠的必定是你自己。」

第三章 你若盛開，清風自來（自我章）

第三章 你若盛開，清風自來（自我章）

第一節 你若愛我，我自為王—— 0～3歲，培養孩子安全感的關鍵期

引言

生活中有各種各樣不同的寶寶。有的膽大，喜歡登高爬低；有的膽小，離開媽媽就無所適從。很多家長把它認為是孩子性格的原因，其實也很可能是孩子對環境感到害怕。

在寶寶最初的3年，媽媽要無微不至地呵護他，滿足他的要求，保護他的成長。這樣他才能對環境產生基本的信任，才能表現出爸媽期望的活潑和大膽。

大人在遇到不能控制的環境時，都會感到害怕，小孩子自然也是一樣。可是，跟寶寶講道理他又聽不懂，怎麼辦呢？這就要求爸爸媽媽及時發現孩子的需要。當需要被及時滿足時，孩子就會感到安心。如果家長偏聽偏見或者見識有限，按照不正確的方法養育寶寶，比如哭了不抱，不哭才抱，那麼孩子就會對環境不信任，慢慢地就變得膽小起來。

家有兒女

小妞妞的媽媽是一位「80後」，從懷小妞妞開始就嚴格按照醫院的建議進行各種檢查，控制飲食、測血糖、測血壓。35週的時候，小妞妞的媽媽不小心扭到了腰，小妞妞也就「火急火燎」地出生了。作為一個早產兒，出生伊始就被抱到了保溫箱。小妞妞卻頑強地生長著。媽媽看到她時，心裡湧動著各種難以言表的感覺：她好小啊，皮下沒有脂肪的填充，皺巴巴的像個小老太太。

小妞妞闖過了各種難關，終於和媽媽回到了自己的家。被媽媽抱在懷裡的那一剎那，她有一種久違的感覺，那感覺曾經伴隨了她很長時間，那就是

媽媽的心跳。小妞妞太喜歡這種感覺了，她不想被放下，因為那樣就聽不到媽媽的心跳。幸虧有母乳，它成了除臍帶之外連接親子的體外紐帶。每當吃奶時，小妞妞就使出全身的勁兒，吃得滿頭大汗，這時候她總是很滿足，亂揮著小拳頭，踢蹬著小腿。

不久，媽媽就恢復了孕育寶寶時的執著，開始嚴格按照書本知識養育小妞妞。於是，當小妞妞哭的時候，媽媽就聽任她哭。小孩一哭就回應，她哭鬧的行為就會被強化，這是媽媽在西方育兒經上看到的。晚上也不再給小妞妞餵奶，據書上說半夜起來給孩子餵奶，母親和孩子都得不到好的休息。漸漸地，妞妞白天不愛哭鬧了，晚上也不再吃奶了。和其他的孩子比起來，妞妞很有規律，這讓妞妞的媽媽在其他被孩子弄得焦頭爛額的媽媽面前很有面子。

1歲左右妞妞開始學走路，當抓住東西站起來以後，不管媽媽怎麼哄騙，她總是不肯放開手裡的支持物。有時候媽媽會把她抱到空曠的地方，等她站穩後再鬆手，妞妞總是不安地四處張望，卻怎麼也不肯邁步。看著別的同齡孩子，展開小手臂搖搖晃晃地走路，妞妞媽媽總是找不到為什麼妞妞能站得住就是不肯邁步的原因。雖然困難，但最後還是學會了走路。即使會走路，妞妞也很少獨立行走，她總是希望抓住別人的手；即使和小朋友們一起，也要抓著小朋友的手，哪怕是一根手指。如果強行撤出這根「救命手指」，一向乖巧的小妞妞會突然之間號啕大哭。和同齡的小朋友們在一起的時候，妞妞雖然身在群體中，卻總是獨自玩耍。

一向對自己和妞妞都嚴格要求的媽媽，此時既心疼又焦慮：我的小公主啊，媽媽要怎麼做你才能變成一個開心活潑的寶寶，怎麼做你才敢大膽地去飛翔呢？

聽你聽我

家長的無奈：我的孩子從書上來。

家長總想給孩子最好的，可是什麼才是最好的呢？我不知道。所以我們要求助那些育兒寶典。

第一節 你若愛我，我自為王——0～3歲，培養孩子安全感的關鍵期

寶寶要長得壯實，一定得吃得好，所以我們注意飲食，給他提供優質的母乳。寶寶要有好性格，也得從小培養，所以我們給他讀書、聽音樂。書上說，孩子需要好睡眠，所以媽媽晚上不給餵奶，孩子作息規律，父母也好帶一些。時間久了，孩子晚上也不哭鬧著不睡了。

我們家長得到了很多經驗，孩子卻沒有想像中的身體強壯，性格開朗。唯一符合預期的就是規律。這是怎麼回事呢？我們可是全部按照書上所說的做。

專家的視角：媽媽，媽媽，我要媽媽……

出生對於寶寶來說是個大事件。以前在媽媽肚子裡，溫度合適，不愁吃喝，悠閒自在。可是快樂的時光總是短暫的，寶寶的「房子」越來越小，最後只好出來了。

現在寶寶吃東西要找媽媽，尿濕了也要找媽媽，還好媽媽瞭解寶寶，寶寶需要什麼只要哭一聲就行了。如果到晚上，寶寶想吃奶，其實也不是很餓，就是想媽媽抱抱。於是就哭，其實那是叫媽媽，時間久了得不到回應，最後就睡著了。寶寶就會認為媽媽不要自己了。

在大人看來，延遲滿足寶寶的要求僅僅三五分鐘，而在寶寶那尚未建立的思維體系裡，整個世界已經開始破碎。所以，這個階段早期教育的誤區是，爸爸媽媽想要過早地訓練孩子，殊不知，小嬰兒的世界是建立在無條件關愛的基礎上的。長此以往，孩子的信任感和安全感便無法建立，焦慮感也會增加。

和孩子一起成長

一、最早的安全感來自一個小世界

1. 我又不是機器人

對孩子的早期行為訓練，來源於行為主義的創始人華生。華生認為孩子，尤其是還不會說話的孩子，所有的行為都是因為條件反射。家長強化什麼行為模式，孩子就會獲得什麼行為模式，完全把人作為沒有感情的機器來訓練。

那些哭了不抱，不哭才抱，透過延遲滿足減少孩子哭鬧，透過漠視需求保證整晚睡眠的方法，都來源於此。可是我們的孩子又不是機器人，他們也有自己的情緒。

2. 無所不能的小世界

寶寶在媽媽肚子裡時，自己創造了一個「世界」，在這個世界裡孩子自己就是「國王」。這種感覺延續到出生之後，在出生前兩個月裡，寶寶處在「正常自閉期」，這個期間孩子對外界反應很少，基本就是吃和睡。

這時的寶寶認為自己和媽媽，還有外界世界是一個整體。媽媽的積極關注和陪伴，維持了孩子的這種「全能自戀」，即世界與我一體，呼奶喚抱，無所不能。所以，從這個意義上來講，他還是自己世界的國王。

3. 寶寶，媽媽在一起

寶寶和媽媽在一起快樂又幸福。寶寶笑，媽媽感到喜悅，也跟寶寶笑；寶寶哭，媽媽趕緊安撫，看看有什麼需要。媽媽關注寶寶越多，給的回應越積極越及時，寶寶越覺得安全。

寶寶和媽媽的互動，影響著母子的依戀關係，也影響著小寶寶的「自戀」。如果滿足了他的「自戀」，隨著孩子的長大，他會自然而然把自己和外界區分開，不僅關注自己，也關注別人。如果不滿足他，他就會膽小、退縮，變成一個「困難寶寶」。

二、保護「安全感」小提醒

1. 積極反應

要養育一個性格穩定的寶寶，爸爸媽媽首先要對寶寶的需要做出積極的反應。父母應經常關心孩子在做什麼，瞭解他們的願望和要求，如孩子哭了，父母應能敏銳地意識到他們是餓了，還是尿濕了。

2. 愛我你就抱抱我

多與寶寶進行身體接觸、情感交流。父母應盡早接觸寶寶，越早越好。經常撫摸、親吻孩子，與他們進行目光交流，對他們微笑，並且以溫柔愉快

的聲音與他們交談。這些接觸不僅能促進寶寶神經發展，也能增進親子之間的關係。

3. 營造和諧的家庭心理氛圍

在溫暖、和諧、互助的家庭氛圍中成長的孩子，能感受到家人彼此的關心和謙讓，感受他們如何控制自己的情緒，設身處地地為對方著想，巧妙解決家庭糾紛等，這些都會使孩子感到安全和溫馨，有助於安全感的發展。

4. 教養方式要保持連貫和一致

養育者對待兒童的方式要一致，不要經常變化。如有的父母對孩子的態度取決於自己的心境，教養方式自相矛盾，使得孩子不能獲得必要的情緒支持和舒適感。

孩子的許多心理品質是在養育過程中潛移默化形成的。許多教育過程也是在養育過程中自然而然形成的。所以，早期教育的本質是愛與自由。

家長，你今天學到了嗎？

桐桐媽媽的育兒心得——怎樣培養孩子安全感

（1）如果孩子黏你，就讓他去黏吧，千萬不要責怪他，認為他沒出息。他黏你，說明他感覺跟你在一起的時間太少，他需要你更多的關注和愛。只有張開雙臂隨時歡迎孩子「戀懷」，最大限度給他情感的滿足，才能讓他感覺到，無論遇到什麼情況，媽媽都是跟自己站在一起的，從而使他順利獲得對這個世界的安全感。

（2）在孩子經常活動的空間裡事先做好必要的防護，這樣可以避免在孩子探索得正有興頭時，動不動就出現「不要碰」「危險」「不要動」之類的否定性語言。否則，孩子就會認為世界到處充滿了危險。

（3）不要嚇唬孩子，說到嚇唬，我們都知道經常說「大灰狼來了」「警察叔叔來抓你了」之類的話不好，卻常常忽視另一種有害的語言，那就是「你再這樣，媽媽就不要你了」「媽媽不喜歡你了」之類的，這樣的話對寶寶的安全感同樣是一種傷害。

第二節 我非花草，我是小鳥——1～3歲，培養孩子自主性的關鍵期

引言

媽媽在前面收拾，寶寶在後面搞亂。隨著寶寶學會蹣跚行走，家裡開始變成一個顛三倒四的世界。令人感到奇怪的是，他們好像故意和父母作對一樣，讓他往東他往西，讓他喝水他吃梨，不讓做什麼偏要做。這就是傳說中的第一個反叛期，3歲前小寶寶的「自我意識」開始覺醒，不過他們這個認識過程可不是教育就能出成果的，而是在做事中體會的。

1歲以前的寶寶，活動範圍受到侷限，表達能力也由於詞彙量有限受到限制，所以像一株小花一樣被父母按照自己的理解撫養。按時吃奶，定點外出，能幹這些，不能幹那些……終於有一天小寶寶可以自己行走了，活動範圍的擴大，這讓他們探索世界的好奇心久久不能平靜。

寶寶心裡會想：我出生時以為自己只是一棵小苗，今天才發現，原來我是一隻小鳥啊！

家有兒女

王思雨小朋友今年3歲。過去，她的爸爸媽媽沒有特別明顯的感受，最近總覺得她越來越難以控制。以前，思雨會說的話少，活動範圍也有限，爸爸媽媽只要給她個理由，就能把她「糊弄」住。現在可不一樣了，爸爸媽媽有時候想，這可比不會走路、不會說話時費勁兒多了。

吃飯的時候，媽媽給思雨繫好小手巾，讓她乖乖坐在椅子上。

媽媽今天給思雨做了好吃的雞蛋羹，正準備一口一口餵思雨吃，可是思雨吃了一小口就要自己吃。媽媽只好把勺子給小思雨，耐心教小思雨怎麼吃飯。結果思雨就是不聽媽媽的話，東舀一下西舀一下，弄得到處都是。才吃了幾口，便吵著嚷著說雞蛋羹不好吃，哭著鬧著要吃麵條。媽媽哄著思雨，說明天再煮麵條，結果思雨一下子就把碗扔了出去，差點兒就砸到媽媽的臉

上。於是媽媽只好無奈地回廚房給思雨煮麵條。可媽媽剛轉身，思雨就一溜煙地跑了出去。

媽媽煮好麵條後到處找小思雨，她卻躲在門後咯咯地笑著。媽媽找到她了，她就往外跑。最後餵完一碗麵條，媽媽追著思雨，幾乎把整條街都跑遍了。

有一次，一家人坐在老家的院子裡乘涼，思雨追著小貓到處玩，一不小心就掉到小溝裡。小溝很小，思雨沒有完全掉下去，就這樣卡在中間。要強的思雨不想叫媽媽過來幫忙，便使勁蹬著小腿，揮舞著小手想要爬上來，別人看見這個小孩兒掉不下去也爬不上來，還使勁地蹬著小腿揮著小手，都哈哈大笑。媽媽趕緊過去把思雨抱起來。可是媽媽剛把思雨抱起來，她又自己主動跑到小水溝裡夾著。思雨看著大家都在笑，媽媽卻偏偏要抱她起來。她就偏不起來，她覺得跟媽媽作對，看著周圍的叔叔阿姨笑，是一件再好玩不過的事兒了。媽媽把她抱起來，她就又跑去水溝裡夾著，抱起來，又跑過去，幾次三番。媽媽拿她真沒辦法，不知道這個漂亮的小丫頭究竟是怎麼想的，怎麼就是老和她對著幹。

聽你聽我

家長的無奈：孩子竟會厭惡我？寶寶把櫥門打開，然後把東西都搗鼓出來，開心得不行，父母看了臉都綠了；寶寶拿著自己的玩具，東拋西拋，只要看到父母無奈的表情，就放聲大笑；寶寶去公園玩，天晚了也不回家，只要讓他走，他就撒潑打滾，氣得父母沒有辦法。

兩三歲的寶寶有一個階段特別不聽話，連他們平時說得最多的話都是「不」。不理睬父母，不要父母摟抱，從父母身邊跑開……父母以為孩子在和自己對著幹，感到非常困惑。

其實這都是孩子遵從自己內心想法的表現，寶寶第一個反抗期來了，在這個階段孩子出現一些叛逆現像是正常的。

孩子的心聲：我的爸爸媽媽好奇怪。

爸爸媽媽這也不讓摸，那也不讓碰真是奇怪。我一扔玩具，他們就瞪大眼睛看著我。我剛找到個好玩的東西，又非讓我幹別的，真的好煩惱。也不讓我穿自己挑選的衣服，我挑的衣服多麼漂亮啊！我要在牆上畫畫也不行，我從他們身邊跑過，還要抓住我。我的爸爸媽媽好奇怪。

孩子有自我主張是成長的表現。如果父母反覆干涉和限制，孩子可能變得唯唯諾諾、沒有主見。如果因為討好孩子而一味遷就，就會放縱了某些不良習為，所以巧用「計策」可以幫助孩子順利度過反抗期。

和孩子一起成長

一、不做「自作多情」的父母

家長應該知道孩子說「不」，唱反調是一種普遍現象，不是針對你，也不是故意和你對著幹。孩子的行動不過是自己內心想法的真實表現，所以爸爸媽媽要尊重孩子的想法。不管是他們對東西的偏好，或是對某種行為的執著，都是向世界宣告自己的獨立性，父母應當多理解。

正確區分什麼時候是孩子在自我表現，什麼時候是孩子因為需求沒被滿足而鬧情緒。孩子如果是困了、累了或者不舒服的時候才會和父母對著幹，這時候父母就要趕緊滿足他們的需求。

二、有策略地讓孩子自主

1. 聲東擊西的策略

孩子不聽家長的招呼，玩兒起來既不好好吃飯，也不按時睡覺，很可能是沒有玩夠。這個時候父母可以利用 3 歲以內的孩子注意力和記憶力都有限的特點，用其他新奇的東西引誘孩子，而不是強行讓孩子去幹。

比如到公園玩，不願意回家，家長可以用家裡有的新鮮事情誘發孩子的好奇心。孩子樂於玩耍的時候，正是他好奇心最強大的時候，如果強行結束他正在進行的活動，是對孩子好奇心的挫敗。所以，父母要注意，盡量不給孩子直接提要求，而是聲東擊西轉移他的注意力，保護他的好奇心。

2. 順其自然有意義

有時候父母會認為孩子不聽話，如果自己不管，就失去了教養子女的意義。其實不然，有的時候順其自然的結果也有教育意義。

孩子亂扔玩具，你可以把玩具收起來，如果孩子不高興，父母就告訴他：「你把它摔壞了，它要去醫院看病，你就不能玩了。」這個結果反而比他扔，你撿，你生氣、黑臉更管用。

孩子要玩危險的東西，比如摸熱水。在安全的前提下，不妨就讓他摸一次，讓他感受一下燙。比你反覆警告、阻止管用。從此以後他再靠近危險的東西，家長就跟他說：「燙！」他就不會沒完沒了地想要嘗試了。

3. 該說「不」時就說「不」

尊重孩子的想法，保護孩子的好奇心，應該讓結果說話，並不是讓孩子為所欲為。適當的拒絕，也可以在孩子面前表明家長的態度和立場。在拒絕孩子的無理要求時，態度要堅定、明確，不能動搖。此時爸爸媽媽的立場要一致，不能給孩子的無理取鬧留下藉口。當然，做決定之前要考慮孩子的承受能力，不能橫眉冷對地嚇唬孩子。

4. 提供機會主動培養

1～3歲的孩子對大人所做的事都很感興趣，加上孩子天生喜歡模仿，所以當他看見大人在幹什麼的時候，他也要學著幹什麼。如拿笤帚掃地，自己吃飯，自己爬樓梯等。這些都是孩子獨立意識開始發展的表現。

此時孩子的可塑性最強，最容易接受教育，是培養孩子自主性的最佳時期。雖然孩子做得不好，但請一定要放手讓孩子試一試。孩子做不好是由於孩子的骨骼和肌肉發展得不夠完善而導致的動作不協調。如果此時家長覺得孩子還太小，什麼都做不來，反倒給大人添了許多麻煩，等他長大點再做。那麼就會錯過培養孩子自主性的最佳時期，一旦錯過這個關鍵期，就很難補救了。

家長，你今天學到了嗎？

1. 圖書推薦

第三章 你若盛開，清風自來（自我章）

　　我一度以為自己是種子……我不是種子，我就是連著根的植物……一直是我腳下的流沙裹著我四處漂泊……於是我毅然往上一掙扎，其實也沒有費力。我離開了流沙，往腳底下一看……原來我不是一個植物，我是一隻動物……作為一個有腳的動物，我終於可以決定我的去向。我回頭看了流沙一眼，流沙說：「你走吧，別告訴別的植物其實他們是動物。」

　　節選自《1998：我想和這個世界談談》

　　2. 一個父親的經驗

　　培養孩子，要遵照客觀規律，積極創造條件，讓孩子去鍛鍊。有一位父親，他在孩子 3 歲多的時候，就每天給孩子一段他可以自由支配的時間。只要不出危險，孩子就可以自己安排做他願意做的事：玩、看電視、畫畫、拼圖或者什麼也不幹……無聊了，他最終還是會主動來找父母，父母就給孩子一些指導性的建議。長此以往，孩子便逐漸懂得了珍惜時間，學會安排時間。

第三節 人恆過，然後能改──7～9 歲，孩子天性釋放的關鍵期

引言

　　許多有七八歲孩子的家長都遇到過這樣的尷尬：鄰居領著渾身是土的孩子找上門來，拜託你管教自己的孩子；孩子學校的老師打電話來，告訴你今天孩子在學校又闖禍了；甚至，偶爾物業也會找到你，通知你小朋友玩耍時損壞了公共設施……諸如此類的事情不勝枚舉。有些父母很困惑，自己是知書達理的人，對孩子管教也不少，他怎麼在外面總是惹是生非。

　　中國有句俗話叫「七歲、八歲狗都嫌」，說的就是七八歲的小孩子經常幹一些讓家長抓狂的事情，讓人厭煩。他們淘氣、惡作劇、亂講話、精力充沛、破壞力無限，江湖人稱「熊孩子」。此時的家長不明白，孩子學會了說話，學會了運動，好不容易長到可以上學的年紀，以為他們長大了，怎麼突然之間「邪惡」的小宇宙就爆發了。

第三節 人恆過，然後能改——7～9歲，孩子天性釋放的關鍵期

其實，孩子釋放自己的天性對他的成長不無裨益。他們在這個過程中學習規則，提高社會能力。只不過，他不會順其自然、自覺自願地長成父母期待的樣子，而是需要父母的正確引導和幫助。

家有兒女

作為一個剛上小學一年級的孩子，何曉磊「當之無愧」地成了家長和老師心目中的淘氣包。7歲的何曉磊年紀不大，「本事」倒是不小。看看他的淘氣事跡，大家就知道他的「本事」到底有多大了。

學校放學的時候，張老師帶著大家整齊有序地在校門口排著長隊等家長來接。隊伍中的何曉磊站得有些無聊了，就東瞅瞅、西望望，看見馬路對面有一家書店，便打起了它的「壞主意」。何曉磊嘰嘰咕咕地給站在前後左右的小夥伴們宣布他的想法：「與其無聊地站在這裡排著老長老長的隊伍，還不如到對面的書店等爸爸媽媽來接咱們呢！在書店還可以看好多好多的書！」這個不錯的提議得到了大家的認同。於是，何曉磊便帶著一大幫孩子一窩蜂地衝過了馬路，看得老師和交通警察都心驚膽顫。一群人風風火火地衝進了書店，還時不時地交流著剛才「智勇衝馬路」的刺激體驗。老闆看見來了這麼多愛看書的孩子，高興得樂不可支。可這幫小傢伙進去後，只是好奇地東看西看，這邊翻翻，那邊摸摸，一轉身還「稀里嘩啦」碰倒一堆書。書店安靜的氣氛一下子被打亂了，他們什麼也沒買，又一陣風似的躥出了書店，一路上聊著「這地方真好玩」「老闆真和氣」「下次還來」……

第二天，張老師狠狠地批評了何曉磊，何曉磊心裡便不高興了。這個調皮的小朋友，居然懷恨在心。課間操的時候，何曉磊在花壇的草叢中發現一隻毛毛蟲，高興得不得了，風一般地趕在所有人前面跑回教室。四下無人，正是好時機，何曉磊偷偷地把毛毛蟲放到了張老師的課本裡，他知道，張老師膽子小，最怕毛毛蟲了。為了掩藏自己的「罪行」，何曉磊立馬出了教室躲進廁所，等到做完課間操，同學們陸陸續續回到教室，他才從廁所裡鑽出來。上課鈴響了，張老師打開課本，一隻大大的毛毛蟲突然出現在眼前，張老師嚇得趕緊把課本扔到了講臺下。何曉磊的計謀得逞，便開始捧腹大笑，同學們也跟著他一起笑，教室裡像炸開了鍋似的，課也沒法兒上了。

第三章 你若盛開，清風自來（自我章）

何曉磊就是這樣一個當之無愧的淘氣包！張老師簡直拿他沒有辦法了！

聽你聽我

家長的無奈：難道我家有個「熊孩子」？

親眼看見孩子闖禍或者接連不斷被人找上門告狀，令家長不勝其煩。有的家長會暗暗反思自己的教育方法是否得當，甚至會消極地認為，我的孩子難道是傳說中的「熊孩子」麼？

古語有云「養子不教父之過」，頂著養子不教的「罪名」，爸爸媽媽一次次的因為孩子犯錯訓斥孩子，又在孩子下一次犯錯的時候深受打擊。犯錯與教育的較量逐漸白熱化，有時孩子好像在聽，但結果是，闖禍依舊。

更有甚者，幾個搗蛋的孩子在一起相互助長，一種奇特的現像是：幾個急得團團轉的家長，搞不定幾個我行我素的孩子。

實際上，「熊孩子」到底是不是天生的呢？到底是不是由於父母不夠努力呢？答案並非家長所想的那樣。

專家的視角：你們不懂「熊孩子」。

女寶寶萌萌幼兒園時挺聽話的，按照媽媽規定的時間吃飯、睡覺。即使媽媽的要求令萌萌不開心，萌萌也還是會不情願地照做。

男寶寶淘淘上學之前很懂事，會自己穿衣疊被，有時還會主動提出幫媽媽做做家務。

萌萌上小學之後，媽媽發現在萌萌看電視時要求她按照媽媽的意思做，萌萌就像沒聽見一樣。有時候甚至還會冒出一句：「你煩不煩啊！」

淘淘上小學之後，脾氣越來越大，在外面瘋跑亂跳，在家裡大喊大叫。有時候，要阻止他，他就不停地表達自己的意見。

兩家的家長都很苦惱，有時候淘淘的媽媽還會羨慕萌萌的媽媽。覺得還是養個女兒好，最起碼在外面不惹麻煩。殊不知，七八歲的孩子隨著生活重心從家庭轉向學校，自我發展逐漸接近成人，很多時候就是透過這種大人不

接受的方法來表現自己的。這個時期的孩子，要努力獲得能力、彰顯能力，以此來證明自己。那些家長眼中的「語出驚人」，惹是生非，搞怪淘氣都是他們在證明自己的行為。

和孩子一起成長

一、七歲、八歲，為何「狗都嫌」？「爸為什麼要吃腦白金？」

「他晚上睡不著。」

「為什麼不吃睡神？」

「睡神？什麼東西？」

「電視裡說，睡神吃了會睡覺。」

「媽媽，你一天賺多少錢？」

「30 塊。」

「多少錢——多少錢——讓我看看。」我給做完衛生即將離開的鐘點工工錢時，兒子嚷嚷著。

「25 元哪！你的工資還剩 5 元。」兒子對著媽媽說。

……

這樣嗆人心肺的對話，幾乎唯有可能出現於家長與七八歲的孩子之間。俗話說，「七歲、八歲狗都嫌」。為何會如此呢？七八歲的孩子思想開始變得活躍，身體協調性增強，大肌肉活動增多。此時的他們對一切都充滿好奇，並且想透過自己的能力看個究竟。他們的思維、言行經常讓人匪夷所思，更是讓家長無言以對。

二、幫助孩子度過「貓狗不理」期

1. 不做「熊家長」

在孩子成長的過程中，家長的身教重於言傳。爸爸媽媽首先要注意自己的言行，才能讓孩子形成一個統一的言行系統。

第三章 你若盛開，清風自來（自我章）

在孩子小的時候，有些家長對孩子的關懷無微不至，但對孩子的行動卻沒有一個正確的反應。比如在家毀壞東西，父母會覺得一個小東西不值什麼錢而忽略了。到別人家也有一些破壞行為，主人出於禮貌不和小孩子計較，家長又忽略過去了。久而久之，小朋友的行動中就覺得有些破壞不算破壞，因為事後沒有得到一個恰當的反饋。

等到孩子七八歲以後，大肌肉活動開始出現，這時候他們的破壞力就不容小覷了。此時父母再管教已經來不及了，還會引起孩子內心的矛盾。所以說要想擺脫「熊孩子」，自己首先不做「熊家長」。

2. 一樣米養千樣人

不一樣的父母，會教養出不一樣的孩子，孩子成長的成功與否同父母分辨是非的能力有關。同樣是淘氣、闖禍，產生的原因可能千差萬別。

有的是在釋放自由自在的天性時不小心弄髒了衣服，毀壞了設施。此時的他們消耗了多餘的精力，拓寬了自己的視野。積極玩耍使得精力充沛、生活經驗豐富，對於成長有積極作用。

有的孩子是在探索未知的過程中闖了禍，比如用肥皂水給魚洗澡是因為嫌它髒，不是虐待動物。這種犯錯要保護，因為他們能在對世界充滿好奇心的情況下成長，會有不一樣的收穫，正所謂「淘氣的男孩是好的，淘氣的女孩是巧的」。

有的孩子犯錯是需要引導和教育的，像那種用破壞、欺侮來取樂的行為，必須嚴加管教。如果孩子從小學會了用這種方法釋放自己不愉快的情緒，以後就會犯下大錯而不自知。

3. 知錯能改，善莫大焉

教育說白了都是間接經驗，而孩子在成長過程中需要直接經驗才能認識這個世界。比如視、聽、嗅、味、觸都要獲得直接經驗才能得以開發。上小學以後，活動範圍擴大，肌肉力量增強，身體控制能力提高，那時他們再直接探索世界，有時會搞壞東西，有時會弄傷自己，但很多時候那都是求知慾旺盛的表現。

有一種學習理論叫「試誤說」，就是說學習是一個不斷嘗試錯誤，最後找到正確答案的過程。家長成長到今天也不知道走了多少彎路，犯了多少錯，所以孩子是應該淘氣，可以犯錯的。只要他們能在正確的引導下改正，這個犯錯就值得。

家長，你今天學到了嗎？

一位家長的教育心得

兒子今年上小學，非常頑皮。有一次，小區的保安找到我說：「最近小區業主的車經常被劃，我們調取監控錄像發現，是您的兒子和另外兩個小孩兒在玩耍的過程中拿玻璃幹的。」我聽了這話，頓時懵了。這孩子怎麼闖了這麼大的禍！兒子回來以後，我詢問他是不是劃過車。還好，他雖然犯錯，但還算誠實，馬上就承認了。我拿出他最喜歡的滑板說：「如果我把你的滑板弄壞你有什麼感覺？」他急忙說：「不要弄壞啊，媽媽。」「滑板是你心愛的東西，汽車是別人心愛的東西，你怎麼能隨便破壞別人的東西呢？」我說。然後，我帶著他去敲每一個車主家的門，讓他自己道歉，並且一段時間內不提供零食和零花錢，告訴他那些錢得節省下來為車主修車。他為自己的行為付出了代價，也承擔了責任。從那之後，他知道了，犯錯誤的後果不是我的批評，而是需要他自己承擔損失。有了劃車的教訓，兒子懂了這個規則。我覺得，這個錯誤在他成長的過程中是一次有意義的犯錯。

第四節 紛紛擾擾我是誰——青春期，孩子自我同一性建立的關鍵期

引言

我們在生活中可能見過這樣的少年，身著破破爛爛的乞丐服，留著怪異髮型。或者化著不合年齡的妝，打著一排耳洞，穿著緊、透、露的衣服，一臉的茫然，滿眼的迷惑，卻在追逐偶像時驚聲尖叫，血脈賁張。

第三章 你若盛開，清風自來（自我章）

所有父母都視青春期為洪水猛獸，每天像聽小紅帽的故事一樣心驚膽顫。為孩子的成長高興，又怕剛剛「變身」的他們受到傷害。擔心自己的兒子刺青、早戀，擔心自己女兒的安全受到威脅，擔心他們的心思不在學習上。各種各樣的新狀況令父母應接不暇。

進入青春期的孩子，會面對一個新的自己，不管是身體上還是心理上。這樣新的自己讓孩子們很迷惑「我的身分是什麼？」「我是誰？」追求身分的一致對孩子從兒童過渡到成年人非常重要，父母的引導就顯得必不可少。

家有兒女

「我自己的事情我自己做主，不要你們管！」房間裡傳來憤怒的咆哮聲。王澤宇再次因為是否回校上課的事情和父母爭吵起來，幾乎動手。

王澤宇是實驗二中初二的學生。作為班上的「頭號人物」，他是老師和同學重點關注的對象。王澤宇曾經以全縣第一名的成績考入實驗二中，是一個品學兼優的好學生。可是到了初二，王澤宇卻成了班上成績最差、品行最惡劣的學生。打架鬥毆、抽煙酗酒，無所不作。

王澤宇的變化是從初一結束的那個暑假開始的，父母對他管教很嚴，每個假期都有做不完的作業，上不完的輔導班。以前，王澤宇總是按照父母的要求去做，可是這個暑假，他卻覺得莫名的心煩。

自己已經是快要上初二的學生了，憑什麼自己的生活得由父母來安排。再加上在培訓班的時候結識了一群特立獨行的朋友，王澤宇便在這些朋友的「引導」下，開始反抗父母的管教。

剛開始的時候，王澤宇偷偷跟著朋友學習抽煙、喝酒。在這個過程中，他覺得自己終於擺脫了父母的管教，自己的事情自己可以做主了。慢慢地，他覺得上培訓班太沒意思，就跟著朋友逃課，一起去網咖，玩起了電子遊戲。這是他以往從未接觸過的東西。在遊戲裡，王澤宇想要自己做主的心理得到了極大的滿足，他覺得自己終於找到了真正的自我。沉迷於網路遊戲的王澤宇開始逃課，當老師把這一消息告訴王澤宇的父母時，父母震驚了，自己的乖兒子怎麼變成這樣了？

第四節 紛紛擾擾我是誰——青春期，孩子自我同一性建立的關鍵期

父母決定回家詢問兒子，但兒子拒絕承認，反而編造各種謊言欺騙他們。父親見他這個樣子，打算教訓一下兒子，可是，還沒等父親動手，王澤宇就一把推開父親，掄起拳頭就要打他，母親急忙上前阻攔，王澤宇便摔門而去。

雖然父母更加嚴厲管教兒子，但管教越嚴，王澤宇的反抗就越激烈，而且脾氣就越怪。

最嚴重的一次，王澤宇看到旁邊的同學對他指指點點，他就覺得這兩個同學一定是在說自己的壞話。便找了一大幫朋友把這兩個同學暴打了一頓。學校沒有辦法，只好讓王澤宇的父母把王澤宇帶回家，教育好了才能送回學校。

父母把王澤宇帶回家教育，但不管他們如何勸說，王澤宇都是滿不在乎的樣子。父母不明白，為什麼以前聽話的乖兒子會變成如今這般。

聽你聽我

家長的無奈：我的孩子徹底失控了？

孩子回家不再向父母主動講學校的見聞，問他們也愛理不理的。寫作業時把自己的房門關上，不讓父母進。父母覺得這種失控的感覺越來越強烈。

父母看見兒子送小女生回家，心裡急切地想知道，是不是兒子早戀了，會不會影響學習啊？剛說孩子兩句，他就急了，一點兒都沒有把我這當家長的放在眼裡，看來他這是翅膀硬了啊！

往往遇到以上這些情況，父母就會絕望地認為，我的孩子徹底失控了。

孩子的心聲：「媽，別以為你很懂我！」

12 歲的小雯最近走路總是彎著腰，寫作業的時候還愛照鏡子，上學也不愛穿以前喜歡的衣服了。

14 歲的李濤喜歡上了一個韓國明星組合，學他們的打扮，在家學他們跳舞，得知自己喜歡的歌星將來他所在的城市開演唱會，就非得買票去看，父母怎麼勸都不行。

第三章 你若盛開，清風自來（自我章）

媽媽以為小雯生病了，爸爸以為李濤走在不務正業的邊緣。其實，這不過是青春期正常的成長過程。垂體產生的一系列激素，首先造成了外形的變化。適應新身體一開始是困難的，所以突然出現的生理變化導致孩子們心理變化的開始。從起初的遮掩，到後來接受兒童世界消失；從隱藏自己的性別特徵，到接受自己身體的變化。心理上覺得大家都會注意我的新身體，產生了「假想觀眾」的想法。這是他們的期望，也是他們追星、渴望像明星一樣被關注的原因。

和孩子一起成長

進入青春期的孩子，隨著大腦及身體各器官的發育成熟，生活體驗加深，不安和好奇心相互交織，心理極不穩定。所以，青春期是「叛逆期」，由於自我意識開始樹立，青春期的孩子常常愛激動，亂發脾氣，與大人唱反調。青春期是「困惑期」，由於視野開闊，觀察力加強，感受力提高，青春期的孩子慣於用好奇的目光審視面前的新世界。如發現與書本上所學的內容有很大差異時，他們就會在理想與現實之間產生困惑。青春期是「危險期」，由於性激素的刺激，青春期的孩子對異性異常關心。異性成為同學中談話的中心話題，有的孩子偷偷閱讀性知識書籍，更有的孩子試圖建立一對一的男女交往等。為了幫助孩子順利度過「疾風驟雨式」的青春期，家長您可以這麼做！

一、變身——青春期第一徵兆

青春期的第一個徵兆是長高，不管男孩還是女孩都會開始迅速的腿部生長，身體結構也會出現「不協調」的現象。為此，青少年迫切需要一些關於身體變化的訊息。雖然現在獲得訊息的途徑多種多樣，但來自父母親和師長的解釋可以讓孩子更加平靜地接受這些從未有的變化。訊息量要適中，過於草率不符合孩子的興趣，過於繁多會由於無法消化這些訊息而恐慌。

二、變心——思維方式的改變

皮亞杰和巴貝爾把青少年的思維定位在「形式運算」階段，他們開始用這個思維方式思考自己的「大人世界」。不管是從原因演繹到結果，還是從結果推理出原因，他們都開啟了自己評論思考的能力。

在青少年脫離兒童的自我中心以後，會有一個新的自我中心，那就是難以區別自己的煩惱和他人想法。認為他自己受什麼困擾，別人也將如此，所以他們根據自己的期望給自己設定了「假想觀眾」。此時父母不應該用看待小朋友的態度來對待孩子，勇於承認自己的不足，反而更能贏得孩子的好感。此時的權威感已經降低，孩子們更欣賞那些有自己特長的人，所以父母有效的教育方式應該是辯證看問題，而不是「一刀切」。

三、變情——情緒的無常

青春期是情緒的暴風驟雨期，面臨身心的巨大變化。以前的身心平衡被打破，而新的平衡又尚未建立，青少年難免時常出現情緒起伏。父母應當注意孩子情緒的變化，更應當樹立一個好的榜樣便於他們模仿，從而更快建立平衡。瞭解他們的憂愁，自我解放、否定主義、無紀律的情緒都是應對變化的正常反應，也不要忽略情緒可能對生活和學習造成的影響。

四、辯證看待——解決問題的絕佳途徑

所有家長都知道青春期是一個矛盾重重的時期，家長說的孩子聽不進，孩子的理由和大人講不通。有時候，父母會無奈地看到，孩子的同伴將孩子帶離自己的勢力範圍，此時父母的焦慮可想而知。一般父母會有三種態度：一是專制解決，孩子容易口服心不服；二是寬容解決，孩子容易在判斷不明的時候走彎路；三是民主解決，這就需要父母辯證地看問題，孩子說得有道理時要虛心接受。用他們能接受的方式傳達自己的意思，這樣更能造成事半功倍的效果。

家長，你今天學到了嗎？

1. 影片欣賞

《壁花少年》《朱諾》

2. 圖書推薦

母親需要記住，對於語言交流，女性比男性更在行。一個小夥子，尤其在面對女性時，會為自己的笨嘴拙舌感到心虛。男人都不喜歡那種底氣不足、無能為力或無力控制的感覺。多數情況下，母親在和兒子聊天時，如果能盡量把談話變得簡單，便能避免孩子產生那些負面的感覺。的確，透過談話，女性的大腦能輕易地處理情感和訊息，但如果你一下子塞給你兒子太多細節和訊息，他將失去注意力。

你要學會簡化自己的談話。假如你像同女性那般的交流方式同你兒子交談，他就會停止傾聽。你的大腦有能力同時處理發生在身邊的每件事情，但男性的大腦生就一次只處理一件事情。

節選自《媽媽如何幫助男孩成長為男人》

第四章 家非襁褓，而是學堂（親情章）

▎第一節 天使，還是惡魔──6歲以前，培養孩子善良的關鍵期

引言

　　有的小男孩滿嘴髒話，欺負女生，甚至對女老師也不尊重；有的孩子非常霸道、欺負弱小、搶人家玩具和零食，甚至和小朋友打架，而遇到比他大的孩子搶他玩具或零食時，他卻一聲不吭，毫不反抗。這種「出言不遜」或「恃強凌弱」的現像在孩子成長時期很普遍。這對那些缺乏抵抗能力的柔弱孩子來說是一種實實在在的殘暴行徑。那些孩子霸道的行為，則是缺乏同情心的表現。

　　一些家長認為這只不過是一種無聊的行為；也有家長認為，孩子還小，現在霸道一些，可能長大些就好了。

　　傳統文化中的「人之初，性本善」，生動概括了孩子年幼時那顆純真善良的心。而將孩子這種善良鞏固下來的最佳時期正是教育的黃金期。

家有兒女

　　浩浩媽媽脾氣火爆，從不吃虧，她的潑辣在當地遠近皆知。但浩浩在很小的時候卻有著與媽媽截然不同的溫順性格。

　　剛上幼兒園那會兒，有一次，腼腆膽小的浩浩被班上一個小朋友欺負，老師批評教育之後，那個小朋友很快就向浩浩賠禮道歉了。

　　不記仇的浩浩無意間跟媽媽說起了這件事，沒想到媽媽火冒三丈，不僅對欺負浩浩的同學破口大罵，而且還斥責浩浩：「你怎麼這麼軟弱呢？一點都不像我的孩子！」

那件事以後，浩浩媽媽就開始不停地向浩浩灌輸「社會如何爾虞我詐」「人與人之間如何鉤心鬥角」的思想，教育他「遇到事情千萬不能吃虧」，這樣才能更好地保護自己。

從那以後，每次跟別人吵完架回到家，媽媽會一邊炫耀自己的「戰無不勝」，一邊趁機給浩浩灌輸「人善被人欺」的思想。

慢慢地，在媽媽的影響下，浩浩也越來越霸道了。看著兒子從其他小朋友手裡搶回來的玩具和零食，媽媽總會表揚他「做得很棒，咱寧可賠錢，也不能吃虧」。

最近，班上轉來一名新同學。浩浩霸道的言行激怒了這位同學，結果浩浩被打了。

浩浩到家哭著向媽媽訴說委屈，媽媽一聽就破口大罵，還抱著浩浩說：「別人打你，你也打他，打不過就咬。」還命令浩浩說出那個同學的名字，揚言要找他父母算帳。

幼小的浩浩從善良純真到橫行霸道，是「成長」嗎？值得深思，但最該反省的人應該是媽媽。

讓孩子學會保護自己本身沒有錯。為了讓孩子健康成長，在「人善被欺」和「善良仁厚」之間，我們到底該如何引導孩子呢？這種教育的尺度的確不好把握。但試想，如果父母在本身帶有偏頗甚至錯誤思想的情況下引導孩子，那麼，我們將在孩子心中埋下相應的種子。

聽你聽我

家長的無奈：孩子，你是善良的天使還是霸道的惡魔？

幼教專家到幼兒園進行心理測試，其中有這樣一道題：「一個小妹妹感冒了，她冷得直哆嗦，你願意借給她外套嗎？」結果孩子們都不回答。老師點名回答時，有的說：「病了會傳染的，她穿了我的衣服，那我也該生病了。」有的則說：「我媽媽不讓，我媽媽會打我的。」……結果，半數以上的孩子都找出種種理由，表示不願意借衣服給生病的小妹妹。

我們在抱怨孩子的自私，眼睛裡沒有別人，也不知道如何去關心別人的同時，有沒有想過孩子內心的矛盾？有沒有想到日常生活中潛移默化的教育？

孩子的心聲：爸爸媽媽，我該向左，還是向右？

爸爸媽媽，不是你們在不斷告訴我外面的世界很殘酷，要學會保護自己，不要受欺負，要做人生的贏家嗎？為了適應所謂「殘酷」的社會，我接受了你們的觀點，開始變得「強大」。

別人欺負我，我一定要還回去，這樣家長會表揚我。別人對我好不是應該的嗎，我為什麼一定要去關心他們？我即使幫助了別人，不是經常有大人說我傻，說我好欺負，容易被騙嗎？我幫助別人，還有可能被家長罵……

大人偶爾也會說我冷漠，說我無情，說我不懂人情世故。那我到底該怎麼做？這是我心中的問號。

和孩子一起成長

一、是誰一不小心讓孩子的善良「消失」了

「別人打你，你也打他，打不過就咬。」「咱寧可賠錢，也不能吃虧。」這是很多父母教育孩子時經常說的話。

現在社會競爭激烈，我們要求孩子學習好、能力強，在外不被欺負和欺騙，這本身沒有錯。為避免孩子輸在起跑線上，很多家長努力用自己固有的生活經驗教孩子從小適應社會殘酷的一面。或許在父母看來，「從小不吃虧」才能保護好自己。所以，在日常生活中，家長見不得自己的孩子吃虧，見不得自己的孩子被欺負，更見不得自己的孩子哭哭啼啼地從外面回來……一旦發生類似事件，就會火冒三丈，一定要為孩子爭回這口氣。

還有些家長本身就很強勢，在孩子面前表現得很霸道，而且總是對別人保持一種不信任和不耐煩的態度。他們無所顧忌地在孩子面前議論人性的灰暗面，或者講一些負面的消息，把人性惡的方面展現在孩子的面前。

殊不知我們在千方百計使孩子變得強壯的同時，卻忘了在孩子心中播撒善良的種子，我們甚至會在無意中扼殺孩子原本純真善良的心。

二、保護好孩子的善良

1. 身教勝於言傳，做善良的父母

在孩子的優良品質形成過程中，父母的作用是決定性的，特別是在孩子的黃金教育期。父母與孩子的相處時間最長，父母的生活細節就是孩子優良品質形成的土壤。父母在生活中不要忘記向孩子展示善良，教導孩子要做一個善良的人。比如說，當著孩子的面給流浪貓餵食，教孩子愛護小動物，珍愛生命；帶孩子參加公益活動，救災的時候拿出衣物、錢和各種生活用品等。孩子會把父母的行為看在眼裡，記在心上。時間長了，在家長潛移默化的影響下，孩子會把這顆善良之心永遠保持下去。

2. 勇於放手，用示範代替說教

對於年幼的孩子，示範教育的成效往往比說教更顯著。如在家裡飼養小動物，家長就要勇敢放手，把餵養小動物的事交給孩子去做，使他時刻關心這件事，讓他逐漸掌握餵養技巧，而這些技巧正是他將來養成心地善良、關心他人品質的基礎。

3. 創造機會，使善心變善行

在現實生活中，我們不妨有意給孩子創造機會、巧用生活情景，把孩子的善心變成行動。如工作很忙，下班回家還有一堆家務要做，不妨告訴孩子自己很累，需要幫助，嘗試讓孩子幫忙收拾玩具；對於大一點的孩子可以讓他幫助掃地、擦桌子等。這樣的機會在日常生活中，很容易創造。雖然會心疼孩子或者孩子並不能做到令我們十分滿意，卻可以讓孩子在這個過程中學會用善良的心來對待世界。

4. 及時肯定孩子的善行，用表揚代替苛求

孩子樂於幫助別人，只要給予鼓勵，他們會更加積極主動。但由於孩子還小，能力有限，當他幫助小夥伴時，可能會給家裡造成些許損失或帶來一

些麻煩，家長可能會因此生氣，但此時需要對孩子的無私行為給予讚賞。如果這時候責罵孩子，只會讓他日後再也不敢去做好事，難成善良之人。在以後遇到類似事件時，孩子就容易袖手旁觀，冷眼看待弱小者或是深陷苦難的夥伴，逐漸成為自私冷漠之人。

5. 兩心同行，撐起善良的左膀右臂

由於成長環境的單一，大多數獨生孩子們的自我觀念較重，遇事自然優先考慮自己，常常忽略他人的處境及需要，覺得「人人為我」天經地義。這是培養孩子善良品質最大的攔路虎。

同情心和愛心是衡量善良與否最直接、最重要的標準，也是培養和保護孩子善良品質的重要內容。有針對性地對孩子進行培養，可以讓孩子逐漸學會互助及感恩。例如：常給孩子講些蘊含哲理的小故事，引導他向善；多與同齡人接觸，讓他知道每個人都是獨立和平等的個體；以孩子的名義帶領他對需要幫助的人伸出援手，讓他體會助人的樂趣；當孩子得到來自他人的支持和幫助時，適時教育他表達感激。這樣會讓孩子逐漸明白，生活是在真善美之間不斷流動及循環的，每個人都有責任和義務去參與及推動。

當然，在現實生活中我們不能把善良行為上升到神聖的高度，讓孩子誤以為，只有發生重大事件或原則性分歧時才需要表現善良。不妨從身邊小事滲透教育，例如：當爸爸下班時，主動為其端來熱茶，表示愛心；當媽媽生病時，幫忙分擔一些家務，表示體貼及理解；當看到老奶奶行動不便時，上前攙扶、耐心引路，表示乖巧和懂事等。久而久之，孩子便會熟知表達善意的行為方式，養成行善的習慣。

家長，你今天學到了嗎？

天使，是這樣呵護成的。

有一次，天已經很晚了，我在小區的門口看到樓下的鄰居，正急匆匆地推著電動車帶著女兒往外走。我好奇地問她們去哪兒，鄰居笑了笑說：「我們取回電動車的時候，妞妞說上面的存車牌忘記摘下來了。如果不還給看車的人，她會因此而受罰的。」

鄰居剛說完，坐在後面的妞妞快樂地說：「我們只要把存車牌還回去，那位阿姨就不用因此而受罰了。」

看著妞妞開心的樣子，我很感動。忘記還存車牌這種小事，很少有人會放在心上，更不用說大晚上的特地還回去了。可是純真的孩子卻把它當成了一件大事，意識到是自己的過錯。而這位媽媽的做法我很認同，她在努力保護女兒的善良。如果她不送回去，估計看車的人會著急，最重要的是女兒會因此受到媽媽行為的影響，從此失去了一顆善良的心。

第二節 我的分你一半──3～5歲，培養孩子學會分享的關鍵期

引言

生活中經常出現這樣的場景。家長逼著孩子跟小夥伴分享東西，孩子卻在一旁大哭大鬧，或者露出無奈的表情。小朋友護著自己的東西說：「這是我的玩具，就是不給你玩。這是我的餅乾，你想吃叫你媽媽買去……」家長不禁搖頭嘆息：「我不小氣，孩子怎麼這麼小氣呢？我都無數次地告訴過他，分給別人，沒了我們再買……」

父母一直在教，為什麼孩子還是不懂分享呢？作為家長，我們是不是經常有意無意地說「最好吃的給寶寶吃」「這麼好吃的東西，媽媽捨不得吃，專留給寶寶的」等類似的話呢？當孩子吃零食時，他撒嬌似的要餵給你沾有口水的小餅乾、小雪糕時，我們是不是總是笑著拒絕說：「寶寶真乖！媽媽不吃，寶寶自己留著吃吧！」

學會分享，是孩子成長發展中重要的里程碑。但分享行為並非天生獲得，後天的教育和正確的引導必不可少。

家有兒女

4 歲的佳佳乖巧懂事,是全家人的心頭寶貝。但幼兒園老師向佳佳的父母反映:佳佳在幼兒園裡經常因和小朋友爭搶東西而鬧矛盾,而且佳佳從來不和別的小朋友一起玩她帶到幼兒園的玩具。

為了培養女兒的分享意識,爸爸媽媽煞費心思,最後決定:只要有好吃的,就鼓勵佳佳分給每人一份。父母想透過這種方式來培養佳佳的分享行為。

週末,佳佳一家到爺爺奶奶家聚餐。在路上,爸爸給佳佳買了一大盒巧克力。

到了爺爺家,佳佳忙得不亦樂乎,一會兒表演舞蹈,一會兒朗誦新學的兒歌……大家掌聲不斷,開心地看著這個「小開心果」。

玩累了,佳佳拿出巧克力,在媽媽的示意下,很慷慨地分給爺爺和奶奶。

看到佳佳送到手裡的巧克力,爺爺開心地笑起來,直誇孫女懂事,然後以血壓高不能吃甜食為由又把巧克力還給了佳佳。到奶奶那裡,奶奶高興地說:「我們的小寶貝真是大方懂事!」最後,奶奶以自己不喜歡甜食為由,把巧克力放回佳佳的盒子裡。

自己的好東西一點也不會少,還能得到長輩們的誇獎和喜愛。嘗到甜頭的佳佳沉浸在這種「分享」的喜悅裡。

有一天,爸爸的好朋友來家裡做客,佳佳主動拿出自己的糖果與客人分享。爸爸的朋友看到乖巧的佳佳豎起大拇指,直誇佳佳父母教導有方。客人雖然不喜歡吃甜食,但出於對佳佳的尊重,還是笑瞇瞇地把糖果放進嘴裡,誰知佳佳看到後生氣地說:「叔叔你真饞,還真吃了我的糖!」爸爸和客人一臉尷尬。

佳佳心裡滿是困惑。在她的小世界裡,大人們拿到自己分享的好吃的,都會被大人們讚賞一番,最後還會回到自己手上。

佳佳的父母更是擔憂:孩子並未真正學會分享。他們開始懷疑自己的教育方法了。

聽你聽我

家長的無奈：孩子怎麼如此「自私」？

看到孩子拚命護著自己的玩具和好吃的，父母嘀咕著：「我一直教他要跟小朋友分享，他怎麼就是不聽話呢？」於是，一頂「自私」的帽子扣在了孩子頭上。

大多數家長是這樣培養孩子的分享行為的：讓孩子分水果給大人吃；將玩具拿出來給同伴玩；還有家長常用「如果你給了小弟弟，媽媽會給你買一個更好的」等誘惑來引導孩子分享。

父母不解的是，孩子把東西分享給別人會得到表揚，我也會給他買更多、更好的禮物，還會有朋友願意跟他玩等諸多好處，為什麼他就是不願意與別人分享呢？其實，這些「好處」都是我們成年人的想法而已，並不是孩子的想法。

專家的視角：不是孩子「自私」，是我們家長還不懂。

2歲的果果和3歲的丁丁一起玩，經常是一個要玩另一個手裡的玩具，又死活得不到。

2歲的果果到丁丁家玩，丁丁明確告訴他：「變形金剛是我的，你不許玩！」

3歲的丁丁去果果家，果果趕緊把自己的寶貝小汽車藏起來，他就是不想讓丁丁玩這些小汽車。

快5歲了，兩個小傢伙都大方起來，誰借誰的玩具都可以，買來的新玩具兩人一起玩。

這就是成長。3歲之前的孩子以自我為中心認識事物，這是他們這個年齡段特有的思維特徵。幼兒最先建立起來的是「所有權」的概念：我、我的、我的東西。在他們心目中，所有的東西都是「我的」，分享就是意味著「失去」。因為分給別人了，就意味著自己的東西少了，自己的玩具暫時不能玩。「分給他，我就沒有了」「如果他給我，我才考慮給他，他不給我，我為什

麼要給他」「如果他把我的玩具弄壞了怎麼辦」，大部分孩子內心有這些想法時根本不會表達。

和孩子一起成長

一、孩子不分享，誰的問題

現在的孩子大多是獨生子女，無論是玩具還是食物，孩子都習慣了一個人享受。這造成了孩子的獨占心理，認為所有物品都是自己的，所有事情都應該以自己為主。另外，居住於樓房的居民與鄰里間的交往越來越少，這無形中減少了孩子與同輩群體的交往，剝奪了與他人分享的機會。

家長重視對孩子的分享教育，但在分享引導中可能出現一些偏差。實際生活中主要常見兩種情況。第一，家長特別是祖輩們習慣性地說「最好吃的留給寶寶」，長此以往容易讓孩子形成「小皇帝」「小公主」的嬌氣與自私。第二，孩子跟家長分享自己的零食時，家長常常不接受，還習慣性地說「這麼好吃的東西，奶奶捨不得吃，專留給寶寶的」「寶寶真乖，媽媽不吃」等類似的話。這樣會使得孩子的分享意識淡化。

二、分享，起步走

1. 家——是港灣，也是學堂

幼兒對分享的理解主要是透過與家長及他人的分享行為慢慢深化，是一種由外至內的內化過程。所以，家庭中的分享一定要落到實處，如：家中的食物全家人一起享用，避免孩子獨占；家長要有意識地把自己看到聽到的有意義的事講給孩子聽，讓他一起快樂、一起憂傷，使其在潛移默化中得到情感分享。此外，家長要多帶孩子與同齡人交往，給他們創造一起交流的機會，如：鼓勵孩子上下學一起走、一起玩、一起做作業，讓孩子帶小朋友到自己家來玩等。

2. 榜樣——一種神奇的力量

模仿是幼兒的共同特點，也是學習的主要途徑。孩子的模仿對象主要有：父母、老師等孩子身邊的重要成年人，經常一起玩耍的小夥伴和書本、電視

等媒介裡的主人翁。由此，日常生活中家長注意為孩子做出分享示範，利用榜樣的力量感染孩子。創設機會讓孩子多與慷慨大方的小朋友交往，注意讓孩子從身邊的小事做起。如：把新玩具分給鄰家的小朋友玩；有好吃的分給爺爺、奶奶、爸爸、媽媽吃。鼓勵孩子透過自己的頭腦和眼睛發現小夥伴的分享行為，如：誰把新玩具帶出來和大家一起玩，誰把好吃的分給別的小朋友等。透過對榜樣的模仿，激發孩子的分享願望。

3. 讚賞——及時強化偶發的分享行為

人都有社會讚許傾向，幼兒更是如此。孩子一旦出現分享行為，不管是物質分享還是精神分享，都應及時給予適當的肯定，用鼓勵、讚賞、獎勵等方式來強化孩子的分享行為。幼兒與別人分享就會得到成年人的肯定，帶來快樂和滿足，使分享行為得到及時強化。

4. 故事、遊戲——豐富幼兒知識和情感

透過故事可以豐富幼兒的知識，加深對情感的理解。如「孔融讓梨」，讓幼兒分析為什麼表揚孔融，使幼兒懂得分享和謙讓是一種優良的品質，鼓勵他們用自己的實際行動向孔融學習。另外，創設一些角色遊戲，讓幼兒有機會站在他人的位置上去感受他人的情感處境，使幼兒逐漸認識到，得不到分享的心情是難過的，與別人分享可以使別人快樂。幼兒有了情感體驗，當他們再次面臨分享物品時，他們才能克制自己獨占的願望，做出主動的、自願的分享。

5. 規則和方法——促進分享的途徑

孩子 5 歲前還無法理解「分享」的概念。然而一些基本規則可以從小時候教起，例如：「玩具大家輪流玩。」「她先玩，然後輪到你。」「玩具，你不玩了，就讓別的小朋友玩吧！」也可以採取限制時間的方法，他先玩 10 分鐘，然後讓別的孩子玩 10 分鐘。讓孩子明白，與別人分享玩具不等於永遠失去玩具。

家長，你今天學到了嗎？

1. 影片欣賞

《家有兒女》第一部第 13 集《借鞋風波》

2. 一個媽媽的經驗

想讓孩子學會去分享，最好從孩子很小的時候開始，比如剛開始吃輔食，也就七八個月大，我就故意當著孩子的面餵她一口，我吃一口，孩子當時的反應先是眼睛直勾勾看著我，一會兒開始大哭，寶爸奇怪地說，桌子上有，為什麼還和她搶食物，我告訴他：「想讓孩子孝順，先讓她學會分享。」到了 1 歲多會說話時，她已經能控制自己的慾望，有好吃的就會給大人每人留一份，而不是吃獨食了。到了 3 歲去幼兒園的第一天，老師發給她一塊金幣巧克力，她是班裡唯一一個沒有吃而帶回家的小朋友，她把那塊金幣巧克力分成五份，外公外婆，父母和她自己每人一份，雖然份量很少，但家長們依然非常感動。

第三節 站錯隊的「音符」── 3～6 歲，培養孩子自信的關鍵期

引言

「媽媽！我不會穿衣服！」「媽媽！我打不開！」「媽媽！我……」

對 3 歲以前的孩子，無論是爸爸還是媽媽，聽到這樣的話，基本上都會顛顛地跑過去，為孩子做這做那。

隨著孩子長大，家長的困惑與日俱增：以前我家孩子能說、能唱、能跳，現在到幼兒園大班了，怎麼反而扭捏起來，還不如小時候了呢；我家孩子做什麼都問別人，或者遇到點困難就退縮或說「本來我就覺得我不行嘛」……

這逐漸成為不少父母的苦惱──孩子不夠自信。

第四章 家非襁褓，而是學堂（親情章）

如何培養孩子的自信？通常，家長認為只要表揚孩子就可以培養孩子的自信，真的是這樣嗎？

家有兒女

樂樂對身邊的事物總是充滿好奇心，但在遇到困難和挫折時總會有些信心不足，不能堅持下去。

樂樂的爸爸平時對他很嚴格，十分在意樂樂的學習成績。他希望樂樂能專心對待課業知識，不要三心二意，將來考個好大學才算有出息。

每天吃過晚飯，爸爸就催促著樂樂趕緊寫作業。完成老師布置的作業後，樂樂特別想看會兒動畫片或者想出去玩一會兒，爸爸總是直接拒絕，然後給樂樂布置更多的家庭作業。

有天放學回家，樂樂興沖沖地告訴爸爸自己報名參加了班上的發明興趣小組。爸爸聽了卻說：「算了吧，語文數學都還沒學好，還想發明？」樂樂低頭不作聲了。整整一個晚上樂樂都高興不起來，他懷疑自己能不能搞發明。

第二天到學校之後，樂樂還是很積極參加發明興趣小組的活動，積極思考、勤於動手。就這樣忙活了好幾天，發明的事情還是看不到成果，樂樂的情緒開始有點低落了。

看到樂樂因為忙發明的事占用了平常的學習時間，而且發明又一無所獲，爸爸開始數落：「看吧，你不是搞發明的材料，還是專心把功課做好吧！」

原本就因為一時看不到發明成果有點受挫的樂樂，聽到爸爸的話更是失去了信心。本想再繼續努力，但一想到爸爸的話，他就打起了退堂鼓：「我該怎麼辦呢，我是不是真的不是這塊料呢？」

樂樂猶豫了很久，最終選擇了退出發明興趣小組。

聽你聽我

家長的無奈：我們保護他，難道也有錯？

第三節 站錯隊的「音符」—— 3～6歲，培養孩子自信的關鍵期

如今，保護好孩子已然成為全家的一貫主張，孩子成了家裡的「小皇帝」。孩子想做什麼，家長馬上代勞，或怕孩子累著，或覺得孩子還小做不好，抑或是讓孩子自己做，家長還得做好多善後工作。比方說，寶寶想自己吃飯，而媽媽卻要餵飯，怕孩子燙著不說，孩子自己吃飯還極有可能弄得衣服、桌子和地板上滿是飯粒或湯汁，接下來得給孩子換衣服、洗衣服、擦地板……費時又費力。

家長都認為，等孩子長大就好了。可誰知，孩子長大了，總是說這也不會做，那也不會做，也不主動學著做，遇到一點困難，就洩氣了，甚至乾脆「破罐子破摔」。

孩子的心聲：你們保護我的自信心了嗎？

請問爸爸媽媽，你保護我的自信心了嗎？

孩子樂顛顛地把自己的作品，哪怕是亂塗亂畫的作品拿出來對著父母說：「爸爸媽媽，你們看，我畫得好不好呀？」孩子做了好事，第一個想讓父母知道：「爸爸媽媽，今天我學會自己掃地了，你看我掃得乾淨嗎？」這樣說是希望得到家長的認可和誇讚。

然而，爸爸媽媽的回答往往是：「瞧，某某比你畫得好！」「某某唱得比你強多了！」「連地都掃不乾淨！」等，這是很多中國家長都會犯的一個錯誤，雖然家長的本意可能是想刺激孩子趕上別人。

殊不知爸爸媽媽這樣的「刺激」並沒有激起孩子改正錯誤的決心，反而容易讓孩子陷入深深的自卑之中。

和孩子一起成長

一、孩子的自信心是如何被摧毀的

望子成龍、望女成鳳，父母容易把自己未能實現的願望強加到孩子身上，給孩子設定過高目標。孩子卻往往難以達到家長所希望的要求。在一次次的失敗中，他們很難形成對自己能力的正確認識和評價，致使以後在關鍵的時刻沒有信心去努力。

有時，家長喜歡用自己孩子的缺點和其他孩子的優點做比較，甚至有的家長喜歡在眾人面前說孩子的缺點。這樣不僅會使孩子覺得傷面子，同時，無形中也加深了他們對自己的否定，使他們無法確認自己的價值。

有的家長慣用「賞識教育」，對孩子讚不絕口，動輒將「真棒」「最聰明」「最厲害」掛在嘴邊。但是，孩子在外獲得的訊息完全不是那麼回事。他發現自己不但不是最棒的，在某些方面還差得很遠，自信心也會被打擊。

家長視孩子為柔弱的個體，總是竭盡全力照顧和包辦代替。當孩子懷著求知的渴望去探索周圍的世界時，這種保護無形中剝奪了孩子鍛鍊與發展的機會，扼殺了他們求證自己能力和開始走向獨立生活的願望。這不僅傳達給孩子一種不信任感的訊息，而且會導致孩子缺乏獨立活動與解決問題的能力，處處依賴他人。

過高期望、過多批評與否定、過度讚揚或者過多保護，都可能降低孩子的自信心。

二、呵護好孩子的自信心

1. 相信孩子，給孩子傳達積極的暗示

首先，要堅信孩子有一顆向上的心，希望做個好孩子，渴望得到尊重、信任和喜愛。這樣，父母在教育孩子時才會始終保持積極的心態，去支持和鼓勵。其次，要相信孩子都有巨大的學習和發展潛力，不代替孩子做任何他自己可以做和願意做的事。

2. 給予機會，讓孩子去經歷和表現

孩子能從家長的肯定與信任的態度中獲得強大的推動力，並轉化為自身的內動力。所以，家長要多用肯定的口吻，對孩子說：「我相信你能做好」「你肯定行」。並有意識地讓孩子做一些力所能及的事情，如讓孩子自己吃飯穿衣，收拾書包、玩具，掃地等。開始他們可能做得不太好，家長不要心急如焚地責怪孩子「真笨」「連這點小事都不行」，或者乾脆包辦，替孩子完成。

3. 正確評價，少拿孩子和別人比較

家長要從多方面評價孩子。如果孩子能力弱而品德好，要適當多給予表揚，這樣會增強他們的信心，淡化在能力上缺乏自信的消極情緒。看到孩子有某些不足時，要耐心幫助孩子分析原因，鼓勵孩子糾正或彌補。切忌對孩子說：「你看某某既會畫畫，又會唱歌，你怎麼就不會？」哪怕他真的比別的孩子差，也不能用這樣的橫向比較來打擊孩子。

4. 恰如其分的表揚，讓孩子明白努力的方向

尋找值得稱讚的具體理由，用讚許的語言鼓勵孩子，而不是空洞的表揚。不要說：「寶寶你真聰明，媽媽好喜歡你。」可以說：「寶寶會自己洗小手帕了，有進步。」具體的稱讚是對孩子自信的肯定，空洞的表揚則會讓孩子盲目自大。

此外，要多表揚孩子的努力和付出，而不僅是當下的某個結果。父母不要說：「你今天表現很好。」而是說：「因為你今天努力控制住自己上課不亂跑，值得表揚。」讓孩子明白，父母更重視自己努力的過程，能使他們有信心面對困難。

對能力強的孩子，家長的表揚要適當，過高、過多的表揚會助長他們的虛榮心。

5. 欣賞孩子，鼓勵孩子發揮特長

當孩子對某項活動表現出強烈的興趣時，家長要欣賞孩子。如孩子表演舞蹈、朗誦詩歌、講故事或唱歌的時候，應當對孩子表示應和與欣賞，從而鍛鍊他敢於從容登臺表演，增強他的自信心。

6. 幫孩子擬訂計劃，並努力完成

例如，幫孩子制訂一個練習鋼琴的計劃，制訂計劃時和孩子一起協商。執行時提醒他：「孩子，現在該練琴了，對吧？」讓孩子養成按計劃做事情的習慣。

7. 理性對待孩子玩可樂瓶、鞋盒等一些廢棄物

孩子喜歡探索一些自己感興趣的東西是一種好現象。簡單粗暴的干涉甚至制止他們做一些自己感興趣的嘗試，會挫傷他的探索熱情，從而使一個正常的建立和鞏固自信心的過程受到不應有的干擾和打擊。

8. 遇到困難，鼓勵孩子自己設法解決

孩子生活學習中遇到困難是常見的事情，也十分正常。鼓勵孩子自己想辦法解決這些困難。當然，實在想不出辦法時，家長要適當加以指點啟發。戰勝困難可以讓孩子自信倍增。

家長，你今天學到了嗎？

野馬與馴馬師

孩子在幼兒園、小學直至國中，他的表現都不怎麼樣，小毛病常犯，小錯誤不斷，惹得同學生厭，弄得老師總是搖頭。每一次媽媽到學校接孩子或開家長會，不是同學「告狀」，就是老師「投訴」。而這個孩子也貴有「自知之明」，每次媽媽進了老師辦公室後，回到家他都要問媽媽：「老師說了我什麼呀？」而媽媽總是喜笑顏開地說：「老師說你今天上課坐得很直，老師說你的作業寫得認真，說你的表現很棒，不過今後還要繼續努力喲！」到了高中的時候，這位學生還是沒有得到老師的「青睞」，這位偉大的媽媽「初衷不改」，用同樣的方法不同的言語激勵孩子，而這位始終得不到老師認可的學生，竟以意想不到的高分考取了重點院校，用驕人的成績回報媽媽的苦心。就是這樣一匹桀驁不馴的野馬一躍成了人人稱讚、家家羨慕的良馬，這位媽媽也成了個個讚美的馴馬師。

第四節 控制好心中的「小惡魔」——把握好孩子情商教育的兩個關鍵期

引言

兩三歲的孩子，一分鐘前看起來還是開心愉快，興奮得又跑又跳，但是一轉眼就開始發脾氣，有時甚至只是一件很小的事，就能嚴重影響他的情緒，

開始無休止的大哭大鬧……真可謂一會兒豔陽高照，一會兒大雨滂沱。友好的時候熱情似火，憤怒時尖叫、咆哮、歇斯底里，讓父母摸不到頭腦。孩子的「天氣」能預報嗎？高興也好，生氣也罷，一些孩子強烈的行為反應，有些「過頭」了。我們拿他們也沒辦法，只好在心裡自我安慰說：「誰讓我生出這麼一個外向的孩子。」

一個「外向」足以概括孩子的情緒嗎？面對愛哭鬧和愛發脾氣的孩子，父母該怎麼做？其實，這個問題深層次的內涵是：該如何幫助孩子學會有效管理情緒。

家有兒女

快 4 歲的妮妮生活在一個經濟條件比較寬裕的家庭，父母都是高薪階層。妮妮從小過著衣來伸手、飯來張口的生活，這讓妮妮自然成了驕傲的「小公主」。

這位嬌生慣養的「小公主」就是家裡的「晴雨表」，她莫名地發脾氣經常讓父母手足無措。

某週末，爸爸媽媽和妮妮一起玩「兒歌接龍」的遊戲。輪到妮妮接唱時，她接錯了，按照遊戲的規則是要接受「刮鼻子」的懲罰，可妮妮卻突然耍賴哭鬧，完全不聽父母的勸說和安慰。

漸漸地，爸爸媽媽意識到應該幫孩子學著管理自己的情緒，他們開始嘗試不同的方法：妮妮在家表現得乖，不隨意哭鬧，就買一條漂亮的裙子或者一個玩具獎勵她；妮妮若是哭鬧不止，採取漠視的方式來糾正她。

4 歲生日這天，爺爺奶奶和爸爸媽媽一起為妮妮慶生，妮妮穿著自己最喜歡的公主裙被圍在中央，大家都誇妮妮的新裙子漂亮。出於對孫女的關愛，奶奶慈愛地撫摸著妮妮的小腦袋笑呵呵地說：「裙襬有點大，妮妮爬樓梯的時候要小心哦！」可誰知奶奶剛說完，妮妮瞪了奶奶一眼就跑開了，連續幾天都對無辜的奶奶充滿「敵意」。

第四章 家非襁褓，而是學堂（親情章）

父母覺得確實應該好好地教育一下孩子，不能再這麼任性了，更不能總是這樣莫名其妙地發脾氣。於是藉此機會，決定對妮妮耐心勸說。可誰知道，爸爸還沒講幾句，更別談批評了，妮妮根本不等爸爸把話說完，就扭頭跑回自己的房間，在父母面前「砰」的一聲把門重重關上，開始在自己的小房間裡亂摔玩具，哭鬧不止。

父母拿妮妮沒辦法，直到晚上，才憑藉一個昂貴的洋娃娃換來妮妮打開房間門，出來和父母共進晚餐，但是父母不能再談及此事。

在職場「叱吒風雲」的父母，面對自己女兒的「臭脾氣」，只剩下無奈地搖頭嘆息了。

聽你聽我

家長的無奈：孩子的脾氣為何這麼「臭」？

嬰兒以哭鬧的方式提醒父母來滿足自己的生理需求。父母在嬰兒斷續的哭鬧中盼著孩子長大，認為孩子長大就好了，可誰知孩子慢慢長大，該送去幼兒園時，才發現沒有想像中的好。小小年紀愛發脾氣，有時根本不為什麼，要一樣東西就一定要得到，他說什麼就是什麼，你若不從他就哭，你說不理他讓他哭一會兒就好了，他可能會抱著你的腳哭，讓你也走不了……好不容易孩子長大上中學了，青春期的他們似乎又回到小時候，突然悶悶不樂，不願理睬別人，躲在一邊自怨自艾；會暴跳如雷，渾身是刺，見誰扎誰；會不可理喻，和家長老師對著幹，叛逆無比；會性情大變，挑三揀四，看什麼都不順眼……

不知道孩子的脾氣為什麼這麼「臭」。

孩子的心聲：我們是孩子，不是「小大人」。

孩子很小的時候，並不能很好地把自己和外界區分開來。直到 2 歲左右，開始知道原來「我」就是自己，和母親不是一體的，開始有了自己的想法、願望。而這些需要透過自己的行動來體驗自己的獨立，所以，這個階段的我們面對家長最喜歡說：「不，我自己來。」因為我想證明自己的存在，但是

第四節 控制好心中的「小惡魔」——把握好孩子情商教育的兩個關鍵期

爸爸媽媽經常按照自己的意識和想法去規範，把小孩當作「小大人」，我們的想法和願望往往得不到認可，或者被壓抑。所以，我們只能反抗，或者大哭大鬧，或者發脾氣，或者對家長不依不饒。這樣，我們就成了家長眼裡的「造反派」。

爸爸媽媽，成長中的我們，不是縮小版的大人！

和孩子一起成長

一、孩子的脾氣，父母知多少

孩子情緒不穩，原因大致有兩種：一是孩子年齡小，自我控制能力差；二是由於成人管教方法或態度上的不恰當。如：過於嬌慣孩子，養成了任性的壞習慣；成人喜怒無常，在孩子面前不控制自己，影響孩子等。

2歲至7歲，尤其是3歲左右，是孩子情緒發育的關鍵期。雖然每個孩子與生俱來就擁有自己獨特的情緒性格，但與最親密的人建立起的依附關係、學習和環境，都將影響情緒的發展。

然而3歲前，孩子的情緒卻很容易被忽略：面對孩子的情緒，沒經驗的父母手忙腳亂，有經驗的父母卻又太容易仗著自己的經驗下定論，忽略孩子要表達的真正意思。

青春期的孩子經歷著自我意識的第二個高漲期：他們總是認為自己正確，聽不進別人的意見，因此情緒再一次表現出變化無常。

那麼，你扮演好孩子重要情緒的引路人角色了嗎？

二、幫助孩子學會控制心中的「小惡魔」

1. 父母情緒的平和，是對孩子最偉大的教育

情緒不會遺傳，但很容易「傳染」。父母首先要學會管理自己的情緒，營造和諧愉快的家庭氛圍。交談時盡量做到和顏悅色、互相尊重、和睦相處。尤其是在孩子面前，千萬不要心情好時就逗孩子笑，生氣時就衝孩子發火，

甚至拿孩子當出氣筒。孩子哭鬧時，父母要表現得泰然自若。父母經常保持平和的情緒，孩子自然也會受其薰陶。

2. 觀念先行，理智對待孩子的哭鬧

關於哭鬧，我們要明確兩個觀念：第一，哭鬧和發脾氣，並不完全是壞事，可以把負面情緒發洩出來；第二，孩子在媽媽面前比在別人面前更愛哭鬧是正常的。有句老話：「孩子見了娘，沒事哭三場。」事實上，和媽媽建立了正常親子關係的孩子，才在媽媽面前肆意哭鬧。因為孩子知道，媽媽是最能容忍、接納他的人。

孩子哭鬧的時候，媽媽不要輕易走開，多增加與孩子身體上的接觸。如孩子哭，可以抱抱孩子，輕輕撫摸或是輕拍他的後背等，這對緩解情緒有很大幫助。

3. 正確傾聽和回應孩子的情緒

給予孩子足夠的尊重，蹲下來和孩子等身高地傾聽他。傾聽過程中，父母要與孩子的情緒保持一致，多關注孩子的肢體語言、面部表情，挖掘無聲語言背後真實的情緒訊息。其次，當孩子流露不良情緒時，父母要積極回應。當然，如果孩子是在無理取鬧，父母要減少關注和回應。同時，多啟發孩子說出心中的感受，如當孩子傷心時，可以這樣安慰：「你感到很傷心，是嗎？說出來讓我聽聽。」

4. 引導孩子切身感受自我調節情緒的方法

父母主動與孩子交流自己的情感體驗，鼓勵他說出內心的感受，讓孩子明白每個人都有情緒，關鍵是要在正確的時間、地點，合理表達自己的情緒。其次，當孩子出現負面情緒時，切忌一味懲罰和指責。可以先「冷處理」，等孩子宣洩完漸漸平靜下來後，再就事論事、講道理，幫助他自行反思，找出不良情緒的緣由。如果孩子確實受了委屈，情緒處於波動中，要幫助孩子轉移注意力，幫助他們找到情緒宣洩的積極方式，如畫畫、散步等。

5. 培養孩子的移情能力

移情，是能從主觀角度體驗到他人內心情感，能從他人的角度思考問題和處理問題的一種能力。隨著年齡的增長，孩子逐漸具備根據他人的想法和行為來看待問題的能力，但這種能力需要進一步培養和強化，才能更好地保存下來。

互換角色，讓孩子學著體驗別人的情感。如用講故事的方式，讓孩子理解故事中的角色，學習故事中的主人翁是如何解決問題的，引起孩子的情感共鳴。也可以在遊戲中，讓孩子扮演各種角色，從中體驗所扮演角色的情感，認識到他人有不同於自己的內心體驗。從而，讓孩子更好地理解他人的情感，學會理解別人。

6. 鼓勵同輩交往，感受家庭之外的情感

從 3 歲開始，孩子就非常喜歡和同伴一起玩耍，他們的獨立意識越來越強，情感愈加豐富和複雜。孩子不僅需要從家庭中汲取情感的營養，還需要在與同伴的交往中獲得情感需求。與同伴遊戲，是各種情感體驗、交流的過程。在遊戲當中，孩子逐漸意識到只有遵守遊戲規則，才能順利地與他人交往，否則就會失去遊戲的機會。

這樣，孩子自我調節情緒的能力逐漸提高，與人交往的技能得到進一步發展，遇事解決問題的能力也會增強。此外，同伴的榜樣作用具有感染力，孩子易於接受和模仿好的情緒調控方法，並運用到生活當中。

家長，你今天學到了嗎？

4 歲的點點性格倔強、好強，遇到不如意的事常常哭鬧，愛說別人的不對，小區的小朋友都不喜歡和他一起玩。有一次，他和小朋友對罵起來。媽媽走到他身邊，和他一起坐下，摸摸他的頭耐心地說：「媽媽覺得很難過，如果是我遇到這樣的情況，我會先靜下心想想他為什麼罵我，有沒有誤解，除了吼叫還有其他更好的方法來解決問題嗎。來，你把手伸出來指指那位小朋友，看看，當你伸出食指說別人的時候，別忘了，至少有三根手指在指向你自己。無論遇到什麼問題，先不要急著責怪別人，要先從自己身上找找原因。」這次，點點沒有像以前那樣急切地辯解，而是看著媽媽。媽媽又不失

時機地表揚道:「你看,多聰明,這麼快就學會了體貼別人,相信以後小朋友們會更喜歡你的!」從那以後,點點的哭鬧少了,也很少與小朋友鬧矛盾了。

　　蹲下來和孩子談談,以平等的身分同孩子交流,收穫「良藥不苦口」的效果。

第五章 近朱者赤，近墨者黑（友情章）

第一節 小手牽小手──2～6歲，孩子人際交往智慧成長的關鍵期

引言

　　生活中，我們會發現很多孩子到了3歲後，開始變得沒那麼黏父母了，他們更樂於找同齡的小夥伴玩耍。心理學研究也顯示：同伴交往對幼兒的心理發展起著成年人無法替代的特殊作用。對幼兒個性與品德的形成、情緒情感和社會適應能力的發展均產生重要影響。

　　與此同時，我們也聽到不少父母的擔憂。有的說：「我的孩子和其他小朋友一起玩耍時，總是會出現各種各樣不可控的狀況，罵人、踢人、推人、對別人吐口水、爭搶玩具……」還有的父母說：「我帶孩子出去時，他總躲在我們身後，看得出來他很想和其他小朋友玩，卻總不好意思踏出第一步。有時候，其他小朋友主動找他，他也採取『迴避策略』。」

　　面對這些情況，作為家長應該如何引導呢？

家有兒女

　　5歲的天天正在上幼兒園大班。

　　有一天，媽媽去幼兒園接天天，特意向老師詢問了天天在班上的表現。老師說天天各方面都不錯，就是不太能融入集體。其他小朋友們玩遊戲時，他都是在一旁看著，不太好意思參與，或者乾脆埋頭玩自己的。

　　得知這個情況，媽媽很擔心，回家後跟天天爸爸商量了一番，決定找個機會，一定要讓天天學會結交小夥伴。

　　六一兒童節到了，爸爸媽媽特意邀請譚阿姨一家來家裡玩，譚阿姨的女兒欣欣和天天一般大。吃過晚飯後，爸爸媽媽們把精心準備的禮物送給了兩個孩子，那是兩套嶄新的樂高玩具！

第五章 近朱者赤，近墨者黑（友情章）

天天和欣欣高興壞了，迫不及待地拆掉了玩具的包裝盒。這時，爸爸鼓勵道：「天天，我們到你房間，和欣欣一起堆個小房子好不好呀？」天天乖巧地點了點頭：「好！」然後和欣欣跟著爸爸走進自己的小房間。爸爸把玩具放在兩人中間，繼續鼓勵道：「天天、欣欣，你們兩個要一起把房子搭起來哦！」天天和欣欣一邊拿著玩具，一邊點頭：「嗯嗯！」

爸爸見事情進展得這麼順利，就回到客廳與大家繼續聊天。天天媽媽有點擔心地問道：「兩個孩子已經在玩了嗎？沒什麼問題吧？」爸爸回答說：「能有什麼問題，兩個人玩得挺開心，不信你自己去看一下。」天天媽媽悄悄地去房間看了一眼，見兩個孩子玩得正起勁兒，不由得會心一笑，心想：這下沒問題了，就讓這兩個孩子自己玩吧！然後就繼續加入客廳的討論中。

可是沒過多久，爸爸媽媽們就聽到房間那邊傳來了欣欣的哭聲。大人們慌忙跑了過去，走進去一看，發現欣欣面前的積木散了一地，天天則嘟著嘴，一臉不高興。

天天媽媽急道：「天天，這是怎麼回事啊？」天天仍是嘟著嘴，不說話。在一旁的欣欣萬分委屈，邊哭邊指著天天說：「我積木搭得比天天好，比天天快，天天就把我的積木推倒了……」天天媽媽又是失望又是生氣，說：「天天，你怎麼這麼不懂事呢！」天天爸爸也對天天說：「天天，你不是答應爸爸會和欣欣一起玩的嗎？怎麼現在不好好和欣欣玩呢？」聽到這，天天剛剛嘟著的小嘴慢慢地癟了下去，哇的一聲哭了起來。

聽你聽我

家長的無奈：孩子交友怎麼那麼難？

媽媽們都會發現寶寶超過 3 歲，就會特別渴望與同伴交往，不願只是自己一個人在家裡玩耍，這說明寶寶已經開始有集體交往的需求了。於是，大多數家長似乎都覺得孩子在玩的方面能夠無師自通，積極地為孩子創造玩耍的環境，把他們湊在一起，希望孩子們能自然而然地玩到一塊，並且以為透過這樣的方式孩子們的交往能力就能得到提升。

但是，很容易被家長們忽略的是，對於孩子來說，玩也是需要學習的！孩子如何在玩的過程中鍛鍊交往能力則更是需要家長的點撥和引導。

家長們可能都不太願意看到自己的孩子在與其他小夥伴交往時出現爭執。家長們覺得這麼小的孩子，玩個遊戲好勝心竟然還那麼強。其實，這是以成年人的思維去分析小孩子的行為，自然也就難以理解了。

孩子的心聲：我的憂傷你們永遠不懂！

2～5歲是孩子社交技能的萌芽時期。他們需要學著如何與其他小朋友相處，而不是什麼都按自己想的去做。

這個階段也是孩子自我意識開始萌發的時期。早期自我意識發展的一個典型特徵就是從自我為出發點去看待外界的人和事，以自我為中心來進行行為選擇。這個時期的孩子更看重自己的成敗得失，更在乎自己內心的感受，而不考慮他人，或者說不太能體會到他人的感受。

所以，有的孩子在不能保證完全被接納的情況下，會不願意主動和其他小夥伴交往，以避免一些內心的挫敗感。而有的孩子在同伴交往過程中所表現出的破壞行為，其實是在告知家長：「我心裡很難過，我不知道該怎麼辦，爸爸媽媽你們明白嗎？」

和孩子一起成長

一、爸媽「捧殺」＝孩子「膽怯」

家長們，如果你們有跟天天的爸爸媽媽一樣的困惑，那麼請先反思下，在平時與孩子的互動中是不是沒有意識到失敗體驗的重要性呢？

我們常常會看見，家長和孩子玩遊戲時，孩子贏了會得到：「寶貝，你真聰明！」這類的誇獎和讚美。而孩子一旦失敗，家長常常就會說：「沒關係，下次一定贏！」長此以往，便讓孩子有了一種認知，即玩的目的就是贏，輸了就是不好的。孩子在與家長的互動中沒有體會過失敗，那麼在與其他小朋友交往時，就會因為無法正視自身的失敗而產生負面情緒。

還有的家長，對於孩子在和其他小朋友交往中存在的「輸不起」的行為表現，往往是以一個理性的姿態來對孩子進行「裁決」，說一些諸如「你真是個小心眼的孩子」「一點都不懂事、不聽話」之類的言語。這種回應只會讓孩子覺得，自己心裡已經很難過了，爸爸媽媽還不能理解自己。

所以，家長對孩子成功體驗的「追捧」和對失敗行為的「藐視」，讓孩子變得越來越怕失敗，越來越退縮。

二、幫助孩子勇敢「伸出雙手」

1. 關注孩子的努力而非結果

在平時的親子互動中，家長要意識到，不管孩子是贏是輸，都應該誇獎孩子在互動過程中所付出的努力或者敢於嘗試的勇氣。比如說：「寶貝，雖然這個遊戲你沒玩好，但是爸爸媽媽看到你的努力了，你真的很棒！」或者「哇，從來沒看到你把積木搭成這樣的形狀！雖然搭得不穩積木倒了，但這是第一次嘛！可以再多試幾次，寶貝！」

這樣，孩子就會明白：不是「最終的勝利」才會帶來快樂，「努力」和「嘗試」才是幸福的根源。

2. 做孩子情緒上的共鳴者

孩子失敗的時候，多少都會感到失落和受挫。尤其是和同齡小朋友在一起玩遊戲輸了的時候，會賭氣、輸不起。這都是很正常的現象，說明孩子已經有了自我意識，能夠體會到成就感。這個時候，家長不要一味批評指責並給孩子貼上「負面標籤」，應該及時給予安慰和接納，讓孩子感受到被理解和接納。比如說：「寶寶，你不願意和其他小朋友在一塊兒玩，是不是怕他們不喜歡你呢？」「寶貝，剛才玩遊戲輸了，你是不是覺得心裡很難過呢？」

跟孩子建立了情感上的共鳴後，家長再對孩子進行教育引導。

3. 把握挫折教育的好時機

孩子在與同伴交往中遇到困難和爭執時，是家長對孩子進行挫折教育的好時機。家長在理解和接納孩子負面情緒後，可以引導孩子逐漸認識到和其

他小朋友玩，開心是最重要的。家長可以鼓勵孩子說：「寶貝，小朋友們在一起玩遊戲、比賽，有的時候你贏，有的時候別的小朋友贏，這是很正常的。但是只要你努力了，結果並不是最重要的！」這樣可以幫助孩子接納自我，並且有勇氣面對今後在人際交往中可能會遇到的困難。

4. 賦予孩子自主權

在孩子和其他小朋友發生爭執的時候，家長千萬不要越俎代庖，試圖代替孩子來解決問題。家長可以鼓勵孩子說出心裡的想法和感受，學會合理地表達情緒，進而獨立思考解決問題的方法。如故事裡天天媽媽就可以這樣說：「寶貝，媽媽知道你心裡不開心，所以把欣欣的積木推倒了。可是除了這樣做，是不是還是有別的方法能夠讓你開心，又不會讓別人難過呢？」當孩子情緒沒有平復前不要逼迫孩子去道歉，可以慢慢引導孩子去體會他人的感受，如：「寶貝，你看如果是你的積木被推倒了，你是不是會難過呢？你覺得欣欣遇到這樣的事兒會難過嗎？你是不是想欣欣說『對不起』呢？」然後可以給出備選方案讓孩子選擇，如：「你是過一會說『對不起』呢，還是明天說『對不起』呢？」

家長，你今天學到了嗎？

是自私還是自我

《爸爸去哪兒》第二季中，曹格的一對萌娃 Grace 和 Joe 在完成集市採購任務時起了衝突。Joe 看 Grace 中意一個頭飾，在沒有錢的情況下拜託店家送給 Grace，幫妹妹完成了心願。同時 Joe 也看中了一個玩具，眾人便希望 Grace 也幫哥哥完成心願，但 Grace 卻「無動於衷」。Joe 十分委屈，最後在 Joe 的激怒下將 Grace 推倒。

其實兩個孩子並不是自私或小氣，而是都處於「自我中心」的狀態。年長一點的 Joe 抱有的想法是，我幫你求得玩具了，你也應該幫我求得，這才是公平的；而年紀稍小的 Grace，此刻是難以體會哥哥心情的，因為她已完全沉浸於收穫玩具的自我愉悅中，對於旁人的期待和哥哥的怒氣都是不能理解的。

對此,曹格的應對是合理的。他不是以成人的視角來評判兩個寶貝的對與錯,而是在晚上入睡前,對 Grace 說:「哥哥以前抱你、親你,幫媽媽餵你,你都不記得了嗎?」然後讓兩個寶貝玩牽手遊戲,再加以引導地說:「你們兩個手牽手,以後你們的手會比我大。爸爸也會有放手的一天,以後要是有人欺負妹妹,哥哥會幫忙,有人欺負哥哥,妹妹也會幫忙,以後我們不要再吵架了,兩人手牽手⋯⋯」

第二節 交友有「道」── 9～15 歲,孩子友誼親密的共享階段

引言

古人云:「交不可濫,須知良莠難辨;酒莫過量,謹防樂極生悲。」家長們當然也深知這個道理。孩子的社交面廣了,交友的自主性越來越凸顯,家長們新的擔憂也便開始了。

孩子交的都是什麼樣的朋友,是真誠守信、互幫互敬、博聞廣識的益友,還是兩面三刀、功利巧言的損友?家長們費心竭慮,像福爾摩斯般去打探孩子的交際圈。

對於孩子的同伴交往問題,很多家長非常關注孩子所交朋友的家庭背景、學習成績,孩子交的每一個朋友都要細細「盤問」,生怕沒有為孩子的交友把好關。更有甚者,強行替孩子安排交往對象,杜絕孩子與「不合適」的同伴交往,卻忽視了對孩子擇友能力的培養。

交友有道,是替孩子選擇朋友好,還是鼓勵孩子自主交往更好呢?

家有兒女

天天 12 歲了,今年剛開始上初一。

隨著國中生涯的開始,天天的生活發生了翻天覆地的變化。因為國中的課程要比小學多好幾門,而且為了不讓孩子輸在起跑線上,開學之初,天天媽媽就為他請了語、數、外三門主課的家教。此外,媽媽還越發干預起天天

的交友自由，媽媽不容許他再像以前那樣跟小夥伴自由地外出玩耍，還整天在他面前強調要「抓緊學習」。

這一天，因為家教的事情母子二人又起了小爭執。

「媽媽，為什麼我需要家教？我才開始上國中，你們怎麼就覺得我學不懂。」天天不滿地抗議道。

媽媽義正詞嚴地回應道：「你要在起點就跑在其他同學前面。上課大家都是一樣的上，你知道其他同學暗地裡都在怎麼使勁兒麼？你還想偷懶啊！」

「沒有的事兒！我都問過小野、壯壯了，他們都沒有請家教，我成績比他們都好，怎麼我還要請家教啊？」天天反駁道。

聽到這裡，天天媽媽火氣「騰」地就串上來了：「又是小野，又是壯壯！平時不是讓你別跟他們來往的嗎？他們學習成績那麼差，你都被他們帶壞了！現在上國中了，課程那麼多，你還跟著他們混！」

「那你以前還常誇小野作文寫得很好，將來要出書當作家呢！」

天天有些賭氣地回答道。

「那不過是當著他爸媽隨便誇誇，就靠文筆好，還能考重點高中啊！此一時彼一時。」媽媽面露鄙夷地說道，「還有，以後要沒事多找隔壁的小明哥哥，跟他多交流交流學習方法，國中到高一這幾年，他可從沒落在年級前三名之外。」

聽到這裡，天天忍不住頂了一句：「就那個悶包，等我睡不著覺的時候去找他吧！」

媽媽沒太明白什麼意思，也沒繼續深究。只是跟天天強調，以後要把全部心思放在學習上，多跟學習好的同學來往。

之後，天天與媽媽經常發生不愉快的對話，甚至還會爭吵，心中逆反的小種子開始萌發。天天故意地對學習不上心，甚至開始刻意結識那些父母眼中不務正業的「壞孩子」，聽他們唱自己寫的歌，看他們推薦的課外書。

第五章 近朱者赤，近墨者黑（友情章）

快臨近學期期末時，天天爸爸察覺到天天的變化，找了個機會和天天促膝長談。面對爸爸慈愛的眼神，天天委屈地說：「爸爸，我知道你們很辛苦，媽媽也是為了我好。可是，她怎麼那麼不尊重我，硬是要限制我交朋友的自由……」

聽了天天長長的一段心聲，爸爸深深地嘆了口氣。

聽你聽我

家長的無奈：孩子怎麼喜歡跟這樣的人來往！

身為父母，總想給孩子最完備的保護圈，總擔心在這紛繁的社會環境中，孩子會很容易被一些「狐朋狗友」帶壞。

很多父母堅定地認為「近朱者赤，近墨者黑」。別說十幾歲的孩子正處在價值觀形成的時期，不能掉以輕心，就是那些價值觀已成型的青少年，交朋友都得把「優秀」放在第一位。不交比自己強的朋友，難道大家在一起比著落後嗎？如果交那些有著良好家庭背景、優雅謙遜、有禮上進的孩子，不就能耳濡目染地成為好孩子嗎？家長覺得孩子年齡小、缺乏生活經驗、判斷力不足，出於保護心理而對他們橫加干涉。當孩子自己交到朋友時，不僅不鼓勵、不讚揚孩子，有的還可能嘲諷孩子的朋友，教訓孩子不懂得「看人」。這樣的方法就真的好嗎？孩子真的會開心嗎？

孩子的心聲：我長大了，我有交友的自由！

為什麼我交到一個自己很滿意的好朋友，父母總是像審犯人一樣問東問西：「是男同學還是女同學啊？家庭情況怎麼樣啊？父母都是幹什麼的啊？」有同學打電話找我，父母也總是窮追不捨地問這問那，說是關心我，卻在無形中剝奪了我對擇友，甚至是生活的發言權。

父母總是希望我能跟「優秀」的「別人家的孩子」交往，希望我和學習好的同學玩。可是，越是這樣對比，越是讓我覺得自己很沒用。

為什麼總要我和讓我感到有壓力的同學交朋友？我更喜歡和有相同興趣愛好的朋友在一起，這讓我覺得輕鬆自在。

交什麼樣的朋友是我自己的事，我需要的是父母的支持和引導，引導我們學會分辨，引導我們掌握和他人相處的合理方法，而不是橫加干涉，替我們做出選擇。

和孩子一起成長

一、誰教會了孩子「功利性」交友

友誼是純潔的，真正的友誼其實不一定能帶給我們太多的功利性好處。很多家長沒有意識到，在為孩子選擇朋友的時候，總是在傳達這樣一個思想，跟這樣的朋友在一起你才能獲得提高。

跟學習好的在一起就能學習好，因為成績優秀的朋友可以幫到你；跟有禮貌的孩子一起才能不學壞，因為謙遜有禮的人可以影響你；跟見過世面的人交朋友才能開闊眼界，因為他們可以告訴你，你不知道的東西。

殊不知，這個階段孩子的友誼是以志趣相投為基礎的，「情投意合」的友誼才能持久，才更純真。如果只是利用與被利用的交往，是不會牢靠的。鼓勵孩子追求功利性的交往，也會一步步瓦解孩子雖未成型，但純樸質本的世界觀。

二、協助孩子掌握友誼之度

1. 將心比心，理解萬歲

我相信，大家都不太喜歡總是生活在他人完美光環的籠罩中。有時，我們大人面對身邊的成功人士時，除了羨慕，可能還會發出一絲難以企及的哀嘆。相應地，家長希望孩子變得卓越，總是強求他們以優異生為模板。那麼孩子面對那些「樣板小孩」時，也會感到自卑和無能為力。而和成人不同的是，他們更難以調和這樣對比所造成的心理落差。

所以，想為孩子樹立模板，可以鼓勵孩子去發現他人優點。對於孩子自己結交的新朋友，父母也要先表示理解和尊重。

2. 幫助孩子慧眼識珠

10 歲左右的孩子交朋友，是建立在相互信任和同甘共苦基礎上的。當然，有的時候孩子由於認識不全面，還不太能注意到對方的內在品行。這個時候，家長的任務不是替孩子甄別，而是要給孩子主動發言權。比如和孩子隨意聊天，問問孩子最近和朋友相處愉快嗎？朋友之間有沒有發生什麼有趣的事情？你覺得對方身上有什麼值得你學習的？有沒有覺得相處得不太好的地方，可能是什麼原因？透過打開孩子的心扉，瞭解情況，並和孩子一起分析什麼樣的朋友值得深交。

3. 親密也要「有間」

處於親密交往狀態的孩子，可能看到的都是朋友身上的閃光點，以及與自己相似的特質，而不太能接受朋友身上與自己不對味的特質。

作為家長，此時應該提醒孩子與朋友交往要彼此之間留有餘地，不要因為對方的一點瑕疵就完全否定，更不要因為有了朋友就縮小了自己的空間。因為自己和朋友都是要成長的，都需要獨處的間隙。所以說，要保持親密的友誼，也要留有成長的空間。

4. 雪中送炭而非「同謀包庇」

「君子之交淡如水」，而孩子們由於人生閱歷較淺，未必能真正領悟其中真諦。

他們喜歡交往的朋友，一定是有共同的興趣愛好的，抑或一定是能夠為彼此「兩肋插刀」的。孩子們的「兩肋插刀」有時可能體現在包庇同伴的錯誤上。

此時父母可以告訴孩子，朋友之間真誠是必要的，信任也是必要的，但袒護彼此的錯誤是不對的。袒護朋友的不足，甚至自己也跟著去做，是破壞友誼、傷害朋友的行為，而不是簡單的義氣。

5. 己之所欲，勿亂施於人

對於這個觀點，家長要先自行參透，再來與孩子分享。告訴孩子，與朋友交往並不是說我喜歡什麼，就把自己喜歡的東西強加在朋友的頭上。朋友

之間的互助，要體現在給予對方所需要的，而不是強求對方接受並不需要的東西，即使你的饋贈是好意。例如，朋友情緒不好的時候想要安靜，你可以陪伴，但不要要求對方必須告訴你他為什麼心情不好。切記：己所不欲，勿施於人；已之所欲，亦勿亂施於人。

家長，你今天學到了嗎？

　　來自一位母親的心得

　　周女士的女兒交了一個「學困生」朋友，起初周女士像其他父母一樣擔心。

　　在反覆思考之下，周女士決定放下成年人的立場，嘗試著從女兒的角度來看待這位「學困生」好友。在側面瞭解後，周女士發現那名「學困生」雖然學習不好，但是性格開朗、關心同學。於是，周女士引導女兒學習朋友開朗熱情的性格，同時要在朋友學習困難的時候加以幫助。因為朋友就要相互信任、相互幫助。

　　在周女士的合理引導下，原本性格內向的女兒變得越來越活潑開朗，也學會了主動幫助其他同學。可見，所謂的「學困生」並不是一無可取，成績不好並不決定他們善良與否，也不決定他們性格如何。

　　所以，周女士肯定女兒自己選擇的朋友，並且鼓勵孩子取長補短，就是肯定了女兒的自主性，並為女兒指明了正確的價值導向。

第三節 衝突如結，真心來解—— 12 歲以後，孩子相互依賴的友誼階段

引言

　　人生是一次漫長的旅行，朋友是不可或缺的。在人生的旅途上，朋友與我們同行，帶給我們溫暖、支持和力量，讓我們感受生活的美好。有歌這樣唱：朋友不曾孤單過，一聲朋友你會懂。還有傷，還有痛，還要走，還有我。

更有歌這樣唱：情同兩手一起開心，一起悲傷，彼此分擔總不分我或你，你為了我，我為了你，共赴患難絕望裡，緊握你手，朋友！

對於青少年，友誼對他們的成長發展尤其重要。青春期的孩子開始從心理上逐步擺脫對成年人的依賴，與父母和老師的關係變得不像以前那樣親密。他們不太願意向父母和老師敞開心扉，而更願意向自己同齡夥伴特別是親密朋友傾訴心事。

青少年階段，是疾風驟雨般的「叛逆期」。他們會面臨各種困惑，與朋友相處出現衝突和矛盾也是不可避免的。那麼，作為家長，我們又該如何正確引導呢？

家有兒女

天天和瑞成是從小就玩得好的朋友，兩人從上幼兒園開始就是同班。現在上國中了，兩人又考上了同一所中學。

一個週末，天天父母帶著天天到瑞成家聚餐。吃完飯後，兄弟倆就躲到房間裡上網。

天天走進瑞成的房間，一撲騰就躺到瑞成的床上，說：「成子，你這房間真夠髒亂的，整個一豬圈嘛，哈哈！」

瑞成一邊打開電腦，一邊踹了天天一腳：「豬圈就不錯了，你以為都跟你家似的！」

天天笑著坐了起來：「我家怎麼了，你倒是說說？」

「哈哈，我不說，省得你小心眼！」瑞成故意吊天天的胃口。

天天開始耍賴道：「你說不說，不說我可走了！」

「得，告訴你！上小學那會兒，班上同學去你家玩，都說你房間整個跟小女生的房間一樣，我們都覺得你爸媽把你當女生在養……」

天天一個枕頭扔了過去，正中瑞成腦門：「滾蛋，胡說吧你！」

瑞成一邊扔回枕頭，一邊回應：「哈哈，就知道你小心眼！」

第三節 衝突如結，真心來解──12歲以後，孩子相互依賴的友誼階段

天天接回枕頭，說：「還有什麼，你要說就一次性給我說完！」

「大傢伙私下還給你取了個外號：天線妹妹！妹妹……」

「閉嘴！」天天踢過來一隻鞋，瑞成一跳閃過。「跟你說啊，成子，這個你跟我說了也就行了。都是小學的事兒，我也不跟你算帳啦。現在咱上國中了，又不在一個班，你可別讓我聽見有人喊這個破外號！」

「我才不會那麼無聊呢，喊你天線妹妹現在是我的特權啦！」

……

一個月後，瑞成一家來天天家串門。可無論天天父母怎麼敲門，天天就是躲在房間不出來見人。瑞成一臉尷尬，走也不是，留也不是。天天父母覺得很蹊蹺，便問瑞成發生了什麼事兒。瑞成說：「我也不知道怎麼回事。天天前幾天找我，問我有沒有把他的外號告訴其他人。可是我根本就沒有說啊！但是他不相信，說我出賣好朋友，然後就不理我了……」

得知真相後，天天父母覺得哭笑不得。瑞成一家走了之後，天天父母終於敲開了天天的房門，媽媽看著一言不發的天天，走過去坐在他身邊，說道：「天天，瑞成說了不是他傳出去的。再說了，不就是一個外號，至於那麼大驚小怪的嗎？」突然，天天一下跳了起來，推著父母就往房間外趕：「走走，出去，我不想看到你們！」

聽你聽我

家長的無奈：那都不是事兒！

孩子步入了青春期，開始從心理上逐步擺脫對我們的依賴，不太願意向我們敞開心扉，而是更願意向自己同齡夥伴特別是親密朋友傾訴心事。對於這一點，作為父母，我們是理解的。

不過孩子之間，就算是志同道合，也會不時發生一些摩擦和衝突。孩子小的時候，和小夥伴發生了爭執，受了委屈，都會哭著跑回來跟我們說，我們還能幫著去解決矛盾。可是孩子大了以後，和朋友同學發生矛盾了，不再

像小時候那樣跑來跟我們傾訴,所以很多時候我們根本不知道孩子為什麼苦惱。

除此以外,現在孩子還常常因為一些小事跟同學起矛盾,如誰說他髮型不好看了,誰講他臉上長青春痘啦,誰開玩笑說他是長不大的小娃娃啦⋯⋯其實這些都不是事兒啊!怎麼孩子就那麼較真兒呢?

孩子的心聲:不可原諒的背叛!

打從有記憶以來,我們一直是彼此最知心的朋友,有什麼心裡話、小祕密,第一時間就是找對方說,有什麼問題,也是找對方商量。

我們總是說,要做一輩子的好兄弟!

我們這樣瞭解對方,也說過要為彼此保守祕密。可是,那麼難聽的外號,你竟然就這樣傳出去了。我現在是個男子漢,不再是幼兒園的小朋友了,這讓我太沒面子了。而且更可氣的是出賣我的竟然是你這個從小陪我一起長大的摯友。

爸爸媽媽,你們根本不懂,這是不可原諒的背叛!還說什麼一個外號而已,沒什麼大不了。我是傷了面子,還丟了朋友,這樣的傷痛為什麼你們就體會不到!

和孩子一起成長

一、青少年的友情,請看向這邊

1. 青少年友情的特徵——自主又相互依賴

心理學家塞爾曼認為,12 歲以後,孩子的友誼發展為「自主的相互依賴的友誼階段」,該階段以雙方相互提供心理支持和精神力量,互相獲得自我的身分為特徵。不同於小學生順境中合作的友誼,青少年基本上都進入友誼概念發展的最高階段,認識到朋友是真正的承擔義務,必須依靠它,信任它,並不斷給予。所以,這個階段的孩子比以往任何時候都看重友情,並且以更高的標準來審核朋友。如果有一點違背這個標準的行為發生,就可能上綱上線,將其定義為「背叛」。

第三節 衝突如結，真心來解——12歲以後，孩子相互依賴的友誼階段

2. 自我意識的覺醒——獨立的靈魂個體青少

年時期，屬於孩子的自我意識的第二覺醒期。對自我的探索讓他們特別看重他人對自己的看法:我是誰？我在他人眼中是什麼樣的？別人喜歡我嗎？我這麼做別人會討厭嗎？我應該怎麼樣才能讓別人接納並喜愛我呢？別人發現我的缺點和不完美該怎麼辦？

自我的聚焦會讓孩子放大自身缺陷，覺得全世界都能看見自己的不完美，覺得這些缺陷會是永不消逝的「汙點」，被所有人取笑。所以，處於自我意識覺醒期的孩子，個性無疑會非常鮮明，彼此間產生的矛盾也就越發激烈。

二、協助孩子化解衝突，請這樣做

1. 平等對待，知心知情

瞭解了青春期孩子的友情特徵後，家長要以平等的姿態來對待孩子間產生的衝突，不要將其視作小孩子間過家家般敷衍了事。相反，家長應該採取成年人間的對話方式來打開孩子的心扉。當孩子說出矛盾產生的緣由，以及這個矛盾帶給自己的心理衝擊時，家長要給予理解和尊重，並肯定孩子是個「珍視友誼」「重情重義」的人。只有明白了孩子真實的心意和情感，父母才能有的放矢，協助孩子化解衝突。

2. 憤怒時倒數十下——情緒處理

我們都知道人在憤怒的情況下，判斷力是急劇下降的。有些矛盾的產生，往往緣由微不足道，但由於急火攻心，便越發看不清是非曲直。所以，家長應幫助孩子學會處理憤怒。具體的做法就是：憤怒時倒數十下，邊數數邊深呼吸，把憤懣之氣吐出去，再吸納新鮮空氣。如果十次吐納之後還是生氣，可以再重複數十下。這樣可以讓孩子的負面情緒得到很好的宣洩，而不至於壓積之下產生更大的負面能量。

3. 睡蓮花開的聲音——傾聽

在靜謐的安寧裡，他甚至能聽見花瓣爆開時的「叭」「叭」聲，那是一種很輕微的、震動的聲音。如果不用心去「聆聽」，即使正常的人也可能忽

略掉……其實，這個世界上有很多美妙的聲音，只要我們有一顆對生活永不消沉的心，就一定可以聽見。

——摘自《知音》海外版

朋友間的溝通，正如聆聽睡蓮花開的聲音一般，需要用心去聽。家長要提醒孩子，用心交流，給予對方解釋的餘地，是化解衝突的有效手段。

4. 將感嘆句改成陳述句

孩子之間產生矛盾，很多時候可能並不是因為某件事情導致，而是話趕話，在言語上產生了衝突。因為孩子在家裡大都習慣了被大人讓著，沒有學會以平和的方式交談。所以在和同齡人意見不合的時候，多是抱怨的口吻。孩子雙方都不習慣對方的態度和語氣，矛盾也就更容易激化。

在這個問題上，家長可以訓練孩子學會平鋪直敘地表達自己的真實想法和情緒，如：「今天有人喊我外號了。這個外號我們學校應該只有你知道，所以我覺得可能是你說出去的，我對這件事很不開心。」在這樣的語境下，誤會和矛盾會更容易得到化解。

5.「空箱子」策略

當然，如果孩子一時半會兒難以平復心中的負面情緒，也不願意跟家長說出其中原委，家長也不要硬逼著孩子去解決問題。我們可以採取「空箱子」策略，讓孩子把他目前難以解決的人際衝突問題寫到一個帶鎖的筆記本裡封存一段時間，也可以想像把這個問題暫時放到一個虛幻的箱子裡鎖好。給孩子一些時間，當他平復好心情後，再打開來處理。這個方法同時也可以幫助孩子暫時放下問題，而不會讓正常的生活受到干擾。

家長，你今天學到了嗎？

遇見未知的自己——獨立於世間

青春期的友誼是自主又相互依賴的關係。這要求你成為獨立的個人，情感上依賴，但精神上必須是獨立的個體。「你必須堅定地踩在地上，就像你

有四條腿，不是兩條。這樣才可能待在世上。」這樣，你憑藉自己立足於世間，然後才能更好與人依靠。

正如詩人舒婷在《致橡樹》中描繪的美好愛情那樣：你有你的銅枝鐵干，像刀、像劍、也像戟；我有我的紅碩的花朵，像沉重的嘆息，又像英勇的火炬。我們分擔寒潮、風雷、霹靂；我們共享霧靄、流嵐、虹霓。彷彿永遠分離，卻又終身相依。

偉大的友情亦如此，相互依賴，卻又彼此獨立。

對朋友要懂得珍惜，但不能因為珍惜而緊緊抓住。那樣好比企圖緊握雙手，希冀抓住流沙。手中的流沙抓是抓不住的，你抓得越緊，流失得越快。只有手掌放平時它才會乖乖留在上面。因此，對待你珍惜的朋友亦如此，要給彼此創設空間──給予恩，給予慈，再給一片藍天。

第四節 學會拒絕，也是一種能力──中學時代，要培養孩子勇敢地說「不」

引言

家長們發現，孩子進入中學後越來越渴望獨立，同時也更傾向於和同齡夥伴們建立更為親密的聯繫。隨之而來的是，有的孩子面對同學好友提出的要求，他們會變得越來越不好意思拒絕。我們常常聽到有家長對孩子抱怨：「天天跑出去跟你那些同學玩，難道你那些朋友比你老爸老媽還重要？」「什麼都是你同學說、你朋友說，你就那麼聽別人的話嗎？」

作為家長，我們在擔心孩子不懂得如何理性拒絕他人的時候，是否意識到自己曾對孩子說過：「聽話的孩子最乖了」「爸爸媽媽最喜歡懂事聽話的好孩子」之類的話。中國人看重人與人之間的聯繫，從小我們就教育孩子「聽話」「合群」。但是，良好的人際關係真的意味著放棄做真實的自己嗎？

第五章 近朱者赤，近墨者黑（友情章）

家有兒女

不知不覺，天天已經 14 歲了。這個時候的天天越發獨立自主、個性分明起來。在與父母的溝通上，更是體現出這樣的變化。

爸爸媽媽說左，天天偏說右。天冷了，爸爸媽媽說多穿件衣服，得到的回應卻是：「不冷，我抗凍！」天天常常把喜歡的音樂開到最大聲，爸爸媽媽說這麼難聽的曲子你還享受，天天的回應是：「你們不懂音樂。」逢年過節爸爸媽媽希望帶著天天一起走親訪友，而天天總是不情不願地。就算勉強同行，也是一有機會就躲在一個角落裡，寧願宅著也不願「任父母擺布」。

可是，當天天的爸爸媽媽感嘆「兒大不由娘」的同時，天天在自己的朋友圈中的表現卻讓父母大跌眼鏡。天天的爸爸媽媽發現，他在自己的朋友圈中屬於非常受歡迎的角色。很多同學喜歡找天天來解決難題。如有的同學因為有事兒需要請假，就讓天天幫帶假條；有的上課筆記沒有認真記，跑來借天天的筆記拿回去抄；有的被別的班的同學欺負了，也來找天天去理論等。在父母看來，天天對於這些訴求向來都是來者不拒，並且似乎對此感到十分滿足。

每天回到家，天天都會有意無意地向爸爸媽媽透露，今天幫了誰誰補做作業，考試的時候借卷子給了誰誰抄……談及這些時，天天的成就感無以言表。

開始的時候，天天的爸爸媽媽只是覺得詫異，兒子在自己面前和在同齡人面前真是兩個樣！有時候也會埋怨兩句：「你如果像聽你那些朋友的話那樣聽聽我們的話就好了！」但說完之後總是想：「哎，誰讓兒子長大了呢，跟朋友比跟老爸老媽親也是沒辦法。」再加上也沒發現什麼異常情況，所以也就不再過問了。

直到有一天，班導師的電話打到了天天爸爸的手機上，天天因為參與群毆事件被留校察看，現在正在校長辦公室做檢討，希望家長過去一趟。天天爸爸大吃一驚，急忙趕到學校。瞭解情況之後，才知道原來天天是為了幫好

第四節 學會拒絕，也是一種能力——中學時代，要培養孩子勇敢地說「不」

哥們出氣，為朋友打抱不平才參與了此次鬥毆。這時，天天爸爸媽媽才意識到事情的嚴重性⋯⋯

聽你聽我

家長的無奈：高喊「獨立」卻又沒了「主見」。

處於青春期的孩子和同學、朋友們形影不離，往往對同伴的話「言聽計從」，家長們覺得很懊惱：怎麼孩子大了，反而越來越沒「主見」了？

家長們不理解的是，孩子天天在自己面前講個性、講獨立，而另一方面卻把其他孩子的話當成「聖旨」來執行，而且還是「心甘情願」地聽從。有的時候，明明那些觀點很片面、不合理，可孩子還是深信不疑，大有「九頭牛都拉不回來」的架勢。

到底為什麼會造成這樣的矛盾呢？

孩子的心聲：「聽從」讓我更有安全感。

「以前，我心裡有什麼不高興的事，總會第一時間告訴爸爸媽媽。但升入國中後，我的心事多了起來，而且有些心事我根本不願意跟父母說，更不喜歡他們問。因為大人很少能真正懂得我們現在的煩惱，跟父母講了說不定還會笑我、罵我。跟爸媽比起來，我更願意跟朋友們分享自己的心事。」這是來自一個 14 歲少年的自白。

進入國中後，孩子開始產生「我不再是小孩子」的感覺，為了證明自己「已經是大人了」，他們開始抵抗家長的意志。國中生更傾向於將情感的重心轉向關係密切的朋友，因為同齡人之間會有更多相同的志趣和煩惱，因此在許多方面能相互理解。

此外，這個時期的孩子能從同伴關係中得到更多的自信和安全感，所以更渴望朋友的信任和接納。他們認為，朋友之間應該同甘共苦，並且他們害怕被他人孤立，所以當自己的意見與同伴的意見不一致時，往往會放棄個人立場。

第五章 近朱者赤，近墨者黑（友情章）

和孩子一起成長

一、「有事兒您說話」的根源

孩子不會理性拒絕的根源可能在於家長的教育。在孩子的成長過程中，家長都希望孩子「聽話」，可能在無意間給孩子灌輸過「聽話的孩子才是好孩子，才會招大人喜歡」的觀念。殊不知，這樣的觀念會隨著孩子的成長被逐漸帶到同伴交往中去。孩子會因為害怕「不招人喜歡」而不敢說「不」。

孩子不敢說「不」，有時是因為缺乏自信心。因為不確定自己是否正確，怕自己說錯、做錯，所以依從眾人意見而放棄自己的立場。相反，遵從眾人的意見，即使錯了，責難的焦點也不會集中到自己身上。

此外，孩子不會拒絕還可能來自他們對「志同道合」的片面理解。他們覺得「志同道合」就是不說相反意見，既然是朋友就應該步調一致，如果「拒絕」，可能會降低朋友對自己的認同和接納程度。

瞭解這些原因後，家長們該怎麼做呢？

二、建立自信，學會拒絕

1. 藉著你的「風」讓孩子自由翱翔

進入國中後，孩子開始表現出強烈的獨立意識，這是孩子從幼稚開始走向成熟的標誌。家長對此要給予理解，鼓勵這種獨立的傾向，幫助孩子獲得和自己平等的新地位。明白孩子與自己在觀點和行為上的背離，是因為他們在這個時期更喜歡對任何事情都進行獨立分析和判斷，而不願意接受現成的觀念和規範，家長不能武斷地將其歸類於「叛逆」。相應地，家長應持開放平等的態度，讓孩子有一種「隔代溝淺」的感覺，這樣孩子會更願意和家長交流，而不是將情感完全依附於同伴好友。

2. 引導孩子對朋友敢於說「不」

家長先要讓孩子理解「聽話」不是一味委曲求全，而是對的才聽、好的才學。鼓勵孩子以平和的態度向朋友表達自己的真實看法，告訴孩子坦誠相

待、忠言逆耳的朋友關係才能稱得上真摯的友誼。鼓勵孩子以自己的親身經歷來檢驗：說「不」是否會失去真正的朋友。

3. 幫助孩子找到自己的天地

家長要結合學校、社會的力量，多為孩子搭建自我展示的平臺，多為孩子提供自我認識與自我肯定的機會。如鼓勵孩子說出不同於家長、同學、老師，甚至是不同於權威的觀點。家長要告訴孩子錯了不要緊，敢於質疑才值得褒揚；鼓勵孩子多參加和組織學校集體活動及社會公益活動，透過實踐來增強自信心；多去親近自然、與人交流，避免一味悶頭讀書造成的創新力不足。當孩子找到並肯定了自我，他便能有勇氣說「不」。

4. 藉機培養孩子「有所為，有所不為」

處於青春期的孩子更傾向於獨立思考與判斷，作為家長可藉機開展引導工作。如對孩子普及一些法律常識，可透過觀看法制類節目，瞭解朋友相助不可突破法律約束。鼓勵孩子自己去看清一些因為盲目跟從同學、好友而引發的不良後果，如幫好朋友代考、作弊而被通報批評的案例等。

透過直觀認識和理論講解，讓孩子明白有些「熱心」幫助會害人害己，明白朋友互助應該「有所為、有所不為」。

家長，你今天學到了嗎？

東西方文化差異下的人際交往

東方以謙和示人，以隱忍示己，追求和為貴；西方以真實示人，以真誠示己，追求自然灑脫。深受個體主義思想影響下的美國人追求真誠真實，注重個人真實感受，善於拒絕；集體主義思想影響下的中國人，難免委屈自己，不會拒絕。

雖然文化對人的影響潛移默化、深遠持久，非一朝一夕就能改變，但並不是說我們不可以有意識地培養說「不」的能力。在郭冬臨的小品《有事兒您說話》中，我們可以學到，為人處世要有自己的底線，理性接納，理性拒絕。

「學會拒絕」決定了孩子的交往能力是否能上升到一個新的境界。作為家長，我們可以結合東西方的人際交往觀，即：求同存異，讓孩子在保持人際和諧的前提下學會真實的自我表達。

第六章 窈窕淑女，君子好逑（愛情章）

▎第一節 王子與公主—— 4～6歲，孩子心理發展經歷的「婚姻敏感期」

引言

　　隨著幼兒園開學，不少中班、大班的孩子家長驚呼：「『10後』的孩子親嘴了！」「那麼小的孩子居然互稱『老公』『老婆』！」家長們非常擔憂：難道「早戀」都發展到這麼小的孩子身上了嗎？以前面臨孩子早戀的問題都是在孩子上國中或者高中以後的事情，現在怎麼突然發現幼兒園的孩子也變得這麼早熟了。

　　對還處於幼兒園的孩子進行婚姻愛情的教育還尚早是不少家長的共識，同時他們啟齒這麼「深奧」的問題是否真的有意義，不少家長也持懷疑態度。

　　其實，從一個小小的孩子嘴裡冒出「結婚」的字眼，早已不是什麼新鮮事。可是「婚姻敏感期」這個詞語，對於很多家長來說，還是第一次聽說。當你的孩子懵懵懂懂地開始和你討論「結婚」的事情，也許就是在告訴你，他正在進入「婚姻敏感期」這一特殊的階段。

家有兒女

　　4歲的小艾是個非常漂亮的小姑娘，陽光可人，又懂禮貌，是老師和家長心中的好孩子。然而，最近小艾卻讓媽媽非常頭疼，原因是小艾最近對「結婚」這一話題非常感興趣。

　　小艾從幼兒園小班開始，就和班上一個叫毛毛的小男孩關係特別要好，吃飯、睡覺、遊戲都在一起，小艾媽媽起初並不太在意。

　　有一天，媽媽像往常一樣到幼兒園門口接小艾回家，剛到門口就聽到了不少小朋友在大聲喊：「哇！公主與王子結婚了！公主好漂亮！」媽媽聽了，感覺很好笑，這麼小的孩子竟然說出結婚的事情來。

第六章 窈窕淑女，君子好逑（愛情章）

回家的路上，媽媽問小艾：「今天在幼兒園都做了什麼呀？」小艾笑嘻嘻地回答：「我是漂亮的公主，毛毛是王子，今天我和毛毛在幼兒園結婚了，我們還辦了婚禮。」媽媽聽完嚇了一跳，原來小朋友起鬨的「王子和公主」的主角就是自己的女兒。

媽媽批評小艾說：「這個遊戲可不好，以後別玩了。」小艾不解地問：「為什麼呢？結婚有什麼不好的？你和爸爸不是也結婚了嗎？我們班上有好多小朋友都結婚了，小明還有三個『老婆』呢！」

聽完小艾的話，媽媽覺得到問題大了，決定私下裡到幼兒園找老師瞭解下情況。聽完媽媽的困惑，老師解釋小朋友的這些情況都是正常現象，家長可以不用過分擔心。

可是媽媽卻很不理解，認為小艾正在經歷一場過早的「成熟」。回到家，媽媽把小艾叫到跟前，很嚴肅地對小艾說：「今天媽媽去找你的老師了，聽說了你在幼兒園的表現，媽媽不是特別滿意。小朋友就應該有小朋友的樣子，有些遊戲不能隨便玩，特別是結婚遊戲。你還是個小孩子，什麼都不懂，知道什麼是結婚嗎？怎麼能隨隨便便和其他同學說結婚呢！如果以後媽媽再知道你和毛毛或者其他小朋友玩這樣的遊戲，媽媽會非常生氣，到時候就只能讓你換幼兒園了。」

小艾很不能理解媽媽為何這麼生氣。結婚不就是兩個人關係特別好，可以在一起吃飯、玩耍、分享玩具嗎？

聽你聽我

家長的無奈：荒誕可笑的「婚姻」。

小艾媽媽的反應其實是不少幼兒園孩子家長在面對孩子「結婚」問題上的縮影。

在不少家長的觀念裡，結婚純粹是成年人的事情。一個幼兒園的孩子對婚姻是絕不會有概念的，即使有，也一定是錯誤的，幼稚可笑的。如果任其發展下去，勢必會演變成可怕的「早戀」。孩子應該懂得婚姻是成年人的責

任和權利。幼兒園的孩子討論有關婚姻的話題,甚至還舉辦自己的「婚禮」,這些都是絕對不被允許的,因為孩子還不能夠對婚姻負責。

事實上,家長將「責任」「權利」等與成年人婚姻有關的社會道德規範用在孩子的「結婚」上是不合理的,是作為家長的一廂情願的。

孩子的心聲:這只是我們熟悉社會的一場遊戲。

曾經到幼兒園觀摩學習的時候,就見到過這樣一對孩子。兩個5歲左右的孩子剛剛舉辦完一場「婚禮」。在向老師報告完喜訊後,兩個孩子回到他們的「家」(一個娃娃屋),用布娃娃當他們的寶寶。然後商量著誰當媽媽,誰當爸爸,誰要去買菜,誰在家裡照顧寶寶,誰開車等,過家家的遊戲就這樣開始了。在遊戲進行到一家人外出郊遊的時候,由「丈夫」開車,車是由一根長凳代替,「妻子」抱著孩子坐在副駕駛的位置。郊遊回來後,「妻子」忙著給「孩子餵奶」,「丈夫」說:「我要出去辦事了。」然後開著「車」揚長而去⋯⋯

其實,孩子們在婚姻的遊戲中體驗家庭生活,感知「夫妻」之間如何配合做「家務」。他們只是透過模仿父母之間的交流方式來學習合作,實踐男人與女人在家庭中的分工與合作,體驗各自擔任角色的情感。

和孩子一起成長

一、愛的延伸

孩子年幼的時候主要是透過對父母的依戀來獲得滿足感和愉悅感的。對孩子而言,父母的愛是他們安全的保障、快樂的源泉,是其健康成長的原動力。隨著孩子長大,社會交往圈的擴大,他們開始逐漸發展除父母以外的依戀關係。

這種依戀關係,最開始孩子會選擇一對一交換玩具和零食的小夥伴,隨後可以和許多小朋友一起玩,接著又回到只和一兩個小朋友特別要好的狀態。

在這個過程中,孩子會經歷人際關係敏感期的萌芽。4～6歲時,便會進入婚姻敏感期。

第六章 窈窕淑女，君子好逑（愛情章）

1. 婚姻敏感期

「婚姻敏感期」是孩子心理成長諸多敏感期中最可愛的一個，它是孩子認知社會關係的一個必經的過程。從四五歲開始，孩子們開始對人群組合發生興趣，由於婚姻的組合形式離孩子生活最近，所以孩子的探索就會先從婚姻開始。當孩子進入婚姻敏感期時，他們會突然變得對婚姻異常感興趣，詢問父母有關婚姻的問題，討論婚姻的話題，模仿成年人的婚姻生活等。

2. 表達我的愛

婚姻敏感期是孩子認識人與人之間關係的重要階段。這時，孩子會透過言語和行為表達自己對異性的「喜歡」和「愛」，甚至會產生和某人「結婚」的念頭。

在語言上，孩子常會把喜歡誰掛在嘴邊。如果問他為什麼，他可能會說因為「她漂亮」「因為他喜歡拿玩具和我一起玩」。在行動上，孩子會堅持做一些他們認為可以表達情感的行為。如：在家裡吃了什麼好吃的，就會讓媽媽多做一份給喜歡的人；希望能邀請自己喜歡的人到家裡來玩；經常說要和某位好朋友結婚等。有的孩子甚至在行為上模仿電視劇裡的鏡頭玩親親。

二、與孩子討論「婚姻」

1. 態度上不要逃避

當孩子提出關於愛和婚姻的問題時，請不要迴避，正面回答孩子的問題。

孩子對婚姻的探索是他們認識這個社會的一個開始。而婚姻和家庭既是人類社會最基本的人際關係結構，也是孩子最早接觸的人群組合形式。孩子從這裡開始探索人和人之間的關係，並慢慢開始認識更為複雜的社會關係。

對孩子來講，小小的年紀並不能清楚地理解有關「愛情」「婚姻」裡面的責任與權利，他們對異性小夥伴的好感完全是純心理的。這樣的好感能夠讓孩子變得樂於助人和自愛。同時，在家長的引導下慢慢瞭解婚姻最基本的要素以及最基本的婚姻概念，也能為他成年以後的婚姻品質打下基礎。

2. 讓孩子感受「爸爸媽媽很相愛」

良好的家庭關係能夠幫助孩子建立健康正面的婚姻觀念。父母的婚姻關係和相處的方式也會直接影響孩子的婚姻家庭觀。

在良好的家庭關係中成長起來的孩子，會感受到更多的愛。自然也會給予他身邊的人更多愛的反饋，這不僅僅是對自己的父母，還包括身邊的小夥伴。而反之，「少於得到就會吝於給予」，看不到父母之間良性的互動，孩子自然也學不會健康的婚姻家庭觀，甚至影響孩子在生活中建立良好的人際關係。

3. 與孩子一起放輕鬆

黃磊在上《魯豫有約》節目時，談到發生在女兒多多身上的一件小事情。某天多多從幼兒園放學回家，對黃磊說：「爸爸，隔壁班某某在追我。」黃磊一聽，心裡咯噔了一下，詳細詢問後才知道，女兒說的「追」就是孩子玩遊戲時的追打，不是成年人所理解的「追求」。

很多時候，是我們作為家長太緊張、太多心了。

當孩子處於婚姻敏感期時，他們可能會說一些關於喜歡誰，希望和誰結婚的事情。對此父母不必太過緊張，應該放鬆心情，在適當的時候給予孩子一些正面的引導。

孩子互相喜歡，其實，是他們成長的一種需要，父母不要斥責孩子。有些父母總是喜歡把一些所謂的「道德」或「正確」的東西灌輸給孩子。其實一味斥責和說教並不能取得設想的效果，板著臉反而容易傷害孩子的感情，剝奪孩子成長的快樂，也可能會誤導孩子對婚姻的看法。

可以找個機會，和孩子一起聊聊天，談一談在孩子的眼裡什麼是「喜歡」，什麼是「婚姻」。當孩子問起關於婚姻的問題時，盡量用孩子能理解的語言給予回答。有時答案不需要很複雜，只需要一個簡單的回答即可。父母也可以把自己當作一個孩子和子女對話，心平氣和地一起討論，而不是站在長輩的角度對孩子進行訓斥和灌輸。

家長，你今天學到了嗎？

兒童愛情繪本推薦

（1）《綠熊和紅熊》

處於「婚姻敏感期」前期的孩子，需要的是簡單、完整的愛情和婚姻故事。《綠熊和紅熊》適合 3～4 歲的小朋友在家長的陪同下閱讀。繪本故事《綠熊和紅熊》情節簡單流暢、過程順利美滿，對孩子認識愛情和婚姻非常有幫助。繪本裡，主角和場景的造型簡單，並選用了色調溫暖、柔和的綠色和紅色來區分性別，符合初步建立起性別意識的 3～4 歲孩子的認知能力，是一本不錯的「婚姻入門指南」。

（2）《那年夏天……》

結婚是什麼、爸爸媽媽是怎麼結婚的……這些問題可是處在「婚姻敏感期」前期的孩子非常想知道的。繪本《那年夏天……》完美再現了這一過程。這一繪本適合 4～6 歲的小朋友在父母陪同下閱讀。對滿頭汗水的家長和滿頭問號的孩子來說，是「細說婚姻愛情那點事兒」的完美攻略。

第二節 愛應先知而後行──國中階段，幫助孩子樹立正確的戀愛觀

引言

前兩年，在某著名的相親節目中，一名女嘉賓高調宣布：「我寧可坐在寶馬車裡痛哭，也不願坐在自行車上微笑。」

一語激起千層浪。

多少人在驚嘆著年輕人的價值觀、戀愛觀，在不知不覺中發生了如此巨大的變化。但有多少家長在接收到這些負面訊息的同時，又給予了自己孩子清晰、正確的有關價值觀、戀愛觀的指導呢？

正處在人生觀建立的關鍵期的中學生，對人、對社會缺乏足夠清晰的認識，在心理的本能萌動下，難以做出理智的判斷。同時，由於訊息的來源渠道種種不當，孩子們所持有的戀愛觀和擇偶觀往往會是扭曲的。而這個時候就需要家長站出來擔負起應有的責任，幫助孩子樹立和培養正確的觀念。

家有兒女

小艾上國中了，在市裡的重點中學就讀。國中的學業任務比小學重了很多，課餘時間相對也少了，但是小艾讀書自覺用功，成績一直名列前茅，媽媽沒有費太多心。

不過，小艾有一點變化卻一直被媽媽看在眼裡。以往小艾做完作業一般都是在自己的房間裡看看書，複習複習功課什麼的。可最近小艾卻喜歡守在電視前，看一個韓國組合的表演。

媽媽對這個韓國組合也不怎麼瞭解，只是知道是很火的一個唱歌的團體，不少小女生都很迷這個團體。媽媽怕小艾追星影響到學習，就趁小艾在看電視的時候和小艾聊聊天。

「媽媽發現你最近喜歡看這些韓國明星唱歌，他們唱的都是韓語，你能聽懂唱的意思嗎？」

小艾聽了媽媽的問話，很不屑地回答：「誰管他們唱的什麼呀，我們就是覺得他們長得帥才喜歡的。以後我如果找男朋友就要找這樣的，一定要帥。」

媽媽聽完小艾的回答覺得有點吃驚，突然意識到自己的閨女都長大了，開始想到找男朋友的事情了。於是，媽媽接著這個話題聊下去。

「那除了長得帥呢？就沒其他的標準了？」

「嗯……」小艾很認真地想了想：「最好還有錢，有錢的話就能買很多東西，想要什麼都可以有。」

「還有呢？」媽媽越聽越覺得擔心。一是覺得小艾的想法有點太早熟了，二是覺得小艾的觀念很不正確。怕女兒長大了，真的面臨擇偶的時候會做出不明智的選擇。

「還有就是對我好啦，要聽我的話，我說什麼就是什麼，把我當女王一樣就最好了。」

「小艾，媽媽告訴你，你的這些想法都是不對的。我們看一個人怎麼能只看他的樣子好看不好看，是不是有錢呢？我們應該更多地看一個人的品行！」

小艾覺得有點不解：「可是我就是喜歡長得好看的人呀，有錢也不是什麼壞事呀，我希望別人對我好又有什麼錯呢？」

媽媽看著天真的小艾，有點頭疼，真是不知道怎樣和孩子解釋。

聽你聽我

家長的無奈：孩子畢竟還是孩子。

很少有父母能主動和孩子一起探討戀愛的話題。即使在面對孩子各種各樣涉及戀愛的問題時，大部分家長表現出的也是一種應付的態度。

「不過是小孩子，你給他講這些事情他能明白嗎？」這是很多家長在給孩子戀愛觀教育的時候，常常持有的想法。家長們往往低估了孩子的認知能力，認為孩子的年齡尚小，沒有必要過早對其進行戀愛觀方面的教育。

同時，有的家長認為，如果主動提及有關戀愛的話題，是不是給孩子一個暗示：父母默認我們可以談戀愛了。那麼，原本希望有成效的教育反倒起了相反作用，也是家長們擔心看到的情況。

孩子的心聲：我們有權瞭解愛情。

在傳統文化的影響下，孩子們和父母在有關愛情方面的討論少之又少。更多的父母在孩子戀愛的態度上，會持有「過來人」的態度，讓孩子很難自如地和他們站在同一個立場上說話。孩子們認為父母是將其持有的觀念強加

在自己身上,或者是一昧盲目地訓斥,讓有益的探討變成了嚴肅的教育,甚至連男女生之間正常的交往也不被允許,這種令人反感的教育又怎麼會對孩子戀愛觀的樹立造成積極的作用呢?孩子需要的是真正的理解。他們渴望接觸到愛,因為他們本身就是愛的結晶。他們也有權利瞭解愛,因為只有明白了愛,才不會因為愛而陷入無知的陷阱。

和孩子一起成長

中學生剛剛跨入青春期,隨著生理上的成熟和心理上的發展,他們開始有和異性交往的願望,愛情意識也隨之開始萌芽。

然而,大多數家長都忽略了孩子們在萌生愛情意識的同時,其戀愛觀、擇偶觀也隨之發展起來。孩子的戀愛觀不僅受到自身身心成熟的影響,同時也受到外界各種複雜環境的影響。不良的社會風氣、對同齡人的盲目從眾以及家庭教育的缺乏,都使得孩子在今後戀愛觀念的形成、戀愛類型和戀愛方式的選擇上存在著不良的傾向,由此也可能引發較多的情緒問題,影響孩子的學習和生活。

對此,我們家長應該怎麼做呢?

一、理性看待孩子的想法

之所以孩子很少甚至畏懼和父母談論戀愛的話題,很大程度上是因為家長總會把人「一棒子打死」。他們很少在意孩子主動提及談論戀愛話題時的動機、目的和過程,而是僅僅著眼在「是否確立戀愛關係」上。因此父母們應該理性看待孩子的種種想法,充分瞭解問題的實質,能在孩子願意和你討論的時候,允許孩子表達自己的看法,給予孩子科學的指導。這樣不僅能最大限度避免誤會,也能夠讓父母在孩子面前樹立較高的威望。

二、與孩子平等、真誠地溝通

青春期的孩子不願意和家長溝通,原因之一就是他們厭倦了父母無休止的訓誡與猜忌。特別是處在自我意識萌芽的這一特殊時期,他們更是反感父母權威式的教育和勸慰,於是索性關上「心門」,有意封鎖自己。對此,父

母應從改變態度做起,能夠根據孩子的喜好展開對話,站在孩子的角度思考問題。換個姿態,做孩子們的知心朋友,或是信得過的「哥們兒」,用多重角色進入孩子的生活,消除所謂的「代溝」,打開他們的「心門」。當孩子困惑的時候協助他認識問題,在孩子出現問題的時候能夠加以排解和勸導,這樣孩子也樂於溝通,願意接受,何樂而不為呢?

三、創設和諧的家庭氛圍

家庭成員之間要經常相互溝通,透過溝通來相互理解。彼此間要真情付出,充滿愛心。愛是融洽家庭關係的關鍵。建立和諧的家庭環境,能促進家庭每位成員的身心健康和幸福人生。尤其是和諧、平等、友好的親子關係,是孩子健康成長的最有利環境。

四、為孩子樹立良好的榜樣

班杜拉認為,大部分的人類行為都是透過對榜樣的觀察而習得的,即一個人透過觀察他人知道了新的行動該怎樣做。典型的榜樣能激發和調動孩子的積極性。父母親在談論婚姻戀愛觀的時候,自己也要持有正確的態度,對社會上一些不好的婚戀觀,要給予明確的分辨,表明自己的立場。這要求父母在日常生活裡,不僅要從親人的角度及時給予孩子關懷和撫慰,更需要從家庭責任感和相處技巧上為孩子做出表率。

家長,你今天學到了嗎?

圖書推薦

作家劉墉育有一子一女。在兒子成年的時候,劉墉曾給兒子寫了一封家書,裡面的內容是關於指導自己的孩子如何戀愛,幫助孩子建立正確的戀愛觀。這封家書對孩子有很好的教育意義,同時也是身為父母很好的閱讀作品。在這裡節選部分,給各位家長參考。

「兒子,現在就把這個文件下達給你,是否早了?我很猶豫,可是又怕遲了,因為你已經18歲了。」

「也許我是多事,可是不干涉你一下終究不甘心。你正好趕上了這個男女交往障礙不多的年代,我真擔心你少年輕狂早早就敗了胃口。不是我危言聳聽,《戀愛須知》的宗旨,就是給你設障礙。這對至情至深的人來說是多餘的,對於你,我卻要試當一次愚蠢的教育家,希望能對你有所規範。」

「每一個令你真正動心的女孩,必有一點其他女孩不再會使你感覺到的極美之處,這一極美之處會在一個階段裡不由分說地主宰你,令你全身心感動。所以它應該是你終身的神祇,即便分手也不可以褻瀆它,否則就是褻瀆了你自己的感情。如果你僅僅是對某個女孩感興趣,卻沒有那種原子裂變似的反應,你不可去招惹人家。你可以等待,等待時間和機遇為你揭示這種興趣的源頭,愛與發現是緊緊相連的。」

「敬重有年輪的感情,敬重有了滄桑、有了倦意,看似鬆弛而平淡的親情。你慢慢會懂得它們的好處,並且慢慢會明白它們的厲害。如果你的愛,傷及女孩與她周圍親人的關係,你不可接受,更不可要求她犧牲。新鮮感情所取得的勝利從來都是暫時的──因為新的裡面本來就沒有多少『時』……」

節選自《戀愛須知》

▎第三節 意外的情書──中學時期,如何應對孩子頻頻出現的「早戀」

引言

有人說,早戀是一朵不結果實的花。對於身心還未成熟的孩子來說,早戀對他們的學習和生活可能會造成很大負面影響。可是,也有成年人會感嘆「誰沒有過這種青蔥歲月?」「誰沒有在情竇初開的年紀裡心裡默默地喜歡一個人呢?」把早戀當成「洪水猛獸」,一味簡單「封殺」,會不會有點太粗暴,太不近人情。

與此同時,對於家長和老師視為「洪水猛獸」的禁區,很多中學生嗤之以鼻,「都什麼年代了,還那麼封建保守!」「看人家美國的孩子,八九歲就交男朋友,咱們父母還管得那麼嚴!」

第六章 窈窕淑女，君子好逑（愛情章）

也許是社會環境的鬆動和大眾傳媒的渲染，在戀愛的話題上，這一代的孩子比父母一輩要懂得早、懂得多。所以，中學生早戀現像在校園裡出現得越來越頻繁，更不再僅僅是私下談論的話題。那麼，作為家長又該如何去應對孩子們情感路上的這一次小波瀾呢？

家有兒女

小艾和往常一樣放學回到家，卻沒有和正在做飯的媽媽打招呼就低著頭回到了自己的房間。敏感的媽媽覺得這很反常，還以為孩子身體不舒服了，就慌忙跑到小艾的房門口，可房門緊鎖。

這時媽媽越發感覺不對，接著問：「小艾，你怎麼了，是不是身體不舒服？」可女兒的回答是：「我沒事。」

「你把房門打開我進去看看。」

迫於無奈，小艾打開了房門。「媽，我真的沒事。」小艾開門後的第一句話。

「你和媽說，你到底怎麼了，咦，這是什麼？」媽媽看到了床上的一疊粉紅色信紙連忙問道。還沒等小艾反應過來，媽媽就已經拿到手看起來了。媽媽的臉色越來越難看，小艾知道這下完了，低著頭不說話等待著媽媽的「狂風暴雨」。

「小艾你是不是和班上哪個男生談戀愛了？你看看這信，上面都寫些什麼亂七八糟的，什麼愛呀愛的。你才上國中，怎麼能這樣呢？怪不得你班導師最近老是打電話告訴我你上課不專心聽講，老是開小差。是不是為這事？」媽媽焦急地問道。

「媽，對不起，我知道讓您失望了。可我和小天的關係真的很好，性格相投，彼此喜歡，我覺得自己很愛他。」小艾低聲地說道。

「愛？你知道什麼是愛麼？媽媽讀書的時候，班上也有和你一樣不懂事的同學，學著大人談戀愛。可是到最後又有幾個是在一起的？小艾，你現在年紀還這麼小，能懂什麼叫愛？你現在最大的任務就是好好學習，讓自己有

個好的將來。現階段的年齡和身分都不允許你去做這樣的事情。你和這個男生的事情必須徹底了斷。你現在就給我在這裡好好想想，要麼你答應我從此不和他往來，要麼我親自去學校找他談談話，想好了給我答覆。」媽媽說完後關上了房門繼續做飯。

被媽媽劈頭蓋臉地一頓訓斥之後，小艾倒在床上陷入了沉思：「為什麼總說我年齡小，就不知道什麼才是真正的喜歡。我現在已經十幾歲了，為什麼不能有喜歡的人，為什麼不能和喜歡的人在一起？我喜歡誰有錯嗎？」

聽你聽我

家長的無奈：可怕的「洪水猛獸」。

隨著社會的進步，不少家長其實心裡已經慢慢瞭解，孩子步入國中，「青春萌動」是很難避免的。但伴隨著「青春萌動」帶來的一個個朦朧的感情和對感情的探索，卻讓不少父母有如臨大敵的感覺。

國中生，說到底在多數家長的眼裡都還是個孩子。

一些經歷過孩子早戀問題的家長滿腹經驗：「孩子一步入青春期就開始愛打扮起來，外表慢慢變化，心思也多起來，我就知道有問題了。」更多的家長擔心的並不僅僅是孩子外在的變化。

孩子處在的這個年紀本來就不是個成熟的年紀，情緒不夠穩定、好衝動、易動感情、自控力較差，家長們不認為孩子在這個年齡段能處理好自己的情感。一旦孩子陷入這樣的情感中，勢必會影響她的心情和學習，成績下降也是必然的。更讓家長恐慌的是有許多熱戀中的少男少女不能控制自己的感情，過早發生兩性關係，給雙方身心造成最嚴重的損害。

孩子的心聲：爸爸媽媽，我長大了！

「我長大了」這是多數孩子在面對家長質問為什麼會早戀的情形下，最常用到的一句話。

正如一位國中生在作文中寫道：「早戀，對於正處於青春期的我們來說，合情但不合理。每個人都想去嘗試一下這苦澀但誘人的果實，可沒有人想過

嘗試的後果；父母們正因為經歷過，認識到了這一點，所以他們才禁止我們去嘗試，但他們算漏了一步——正是因為我們沒有經歷過，所以我們不懂，正是因為我們不懂，所以我們才渴望去嘗試。」

孩子們在進入青春期後，身體快速發育，生理需求自然產生。男孩女孩都對異性產生著好奇感，見到有好感的異性臉紅心跳，希望和異性有進一步的交往。同時，他們對自己未知的感情生活、未來開始有了設想和嚮往，對感情生活的探索讓孩子們認為自己足夠成熟，能對未來有一種掌控感。

和孩子一起成長

一、正常的「青春萌動」

德國偉大詩人歌德曾經說過，「英俊少年哪個不善鍾情，妙齡少女誰個不善懷春」。十五六歲正是人生的多夢季節。有時候，一個愛慕的眼神、一句動聽的話語、一次偶然的接觸就能叩開少男少女的心扉。

正值青春發育期的中學生，由於身體的發育和心理的變化，不可控地讓自己處在一個漩渦——性發育迅速成熟與性心理相對幼稚的矛盾之中。一方面，孩子進入青春期，性發育開始，對異性產生興趣、好奇和好感，本能地產生了互相愛慕的情感。而另一方面，「青春萌動期」性成熟帶來的心理變化造成「早戀」形成的主要內部動機。這樣衝突的感覺促成孩子產生一個朦朧的感情，雖然這樣的情感讓不少父母有如臨大敵的感覺，但正是這種感情客觀表現了人青春發育期的正常反應，也表現了孩子對於未來生活的熱愛和心理的轉變。

家長們如果能清晰認識到這點，放鬆緊張的心情，放下「權威」的架子，也能幫助孩子平安應對他們人生中的第一次「心跳」。

二、「洪水猛獸」不可怕

1. 多告訴孩子們一些

第三節 意外的情書——中學時期，如何應對孩子頻頻出現的「早戀」

當孩子進入青春期，家長可適時、適當地對孩子進行一些婚戀方面的教育。所謂「疏勝於堵」，將知識傳遞給孩子，讓他們有恰當的知識儲備，明辨是非的能力，遠遠勝於粗暴制止和干涉。

傳遞知識的方法有很多，除了我們常用的親子間談話外，和孩子一起閱讀、觀影也是很不錯的方法。就書籍或影視作品裡的某些典型事件和孩子討論，適時將作為一名成年人正確的戀愛婚姻價值觀傳輸給孩子，既避免了正式談話的尷尬，也有直觀的事例作為參考。

2. 尊重孩子內心的感受

家長們其實很多也經歷過這樣一個情竇初開的時刻，能體會和瞭解喜歡一個人的感覺是美好的。孩子處於「青春萌動」的特殊階段，心理尚不成熟，可能對於喜歡的東西很多變，不穩定，但他此刻的感受卻是真實存在的。

有的家長因為覺得孩子還小，當孩子表現出戀愛傾向的時候，第一反應就是嗤之以鼻，甚至在語言上出現一些否認和譏諷，諸如：「這麼小的孩子懂什麼呀？」「一個學生整天情情愛愛的，你自己不覺得可笑呀？」這些話會深深傷害到孩子的自尊心。只有洞察孩子的內心情感，尊重孩子的感受才能真正有效地瞭解孩子的內心情感。

3. 警防「羅密歐與朱麗葉效應」

當有的父母發現孩子陷入早戀，孩子對所愛慕的對象魂不守舍時，會克制不住用譏諷、責罵甚至懲罰的方式來對待孩子，對孩子說一些過激的語言，或者以粗暴的態度訓斥孩子，甚至限制孩子的交往活動和範圍，體罰、壓制孩子。可是事後卻發現用這樣簡單粗暴的方式只會將孩子越推越遠，強烈的逆反心會讓孩子更加確定自己的選擇是正確的。

其實這樣的現象與莎士比亞經典悲劇《羅密歐與朱麗葉》裡的情節如出一轍。心理學家們也早已發現這一規律：當出現干擾戀愛雙方愛情關係的外在力量時，戀愛雙方的情感反而會加強，戀愛關係也因此更加牢固。於是，為這樣一個看似不符合邏輯的現象取名為「羅密歐與朱麗葉效應」。

處理得好的父母，往往在事情發生之初就冷靜、具體地分析孩子所處的客觀條件，瞭解孩子的真實想法，適時、適當地採用「冷處理」的方法，避免孩子有強烈的負罪感、恐懼感甚至憤怒感，這樣才能為後期的溝通搭好橋梁。

4. 用「溝通」助孩子走過「雷區」

溝通是處理很多親子問題的關鍵。當孩子產生戀愛情感時，隨著憧憬產生激動的同時，會為傷感、社會環境壓力甚至性慾的糾纏而苦惱。父母不但要洞察和尊重孩子的這種內心情感，還要從旁加以引導，要耐心傾聽孩子的訴說，並給孩子以熱情、嚴肅的忠告。

要告訴孩子愛情的過程除了甜蜜，更多的是種責任，並且學會自尊自愛，區分友誼與愛情的關係，使孩子對戀愛、婚姻有更進一步的認識。如果家長能將親身經歷和對愛情的處理方式告訴孩子，必會贏得好感與共鳴，能幫助孩子更順利地走過「雷區」。

5. 拓寬孩子的世界

校內豐富多彩的集體活動，校外的旅遊、交友、公益勞動等，既可鍛鍊身體，又可益智、養性。在孩子陷入「早戀」的時候，鼓勵孩子根據個人興趣，發展個人愛好，如進行集郵、讀世界名著、練習寫作投稿等，使課餘的時間充滿情趣，充滿快樂，「早戀」的情感會適當減弱和轉移。

家長，你今天學到了嗎？

爸爸的來信

有位兒子讀高三的父親，在一次偶然的機會下發現了兒子遺忘在家裡的手機。在好奇心的驅使下，他偷看了兒子的手機簡訊，結果發現兒子正在和同班的一位女生談戀愛。當時這位父親非常著急，想詢問清楚，又怕傷害孩子的自尊心。再三考慮，覺得一定要非常慎重地進行處理。於是，他給兒子寫了一封長達 3500 字的信。

在信中，父親首先向孩子道歉，表示自己不應該偷看他的手機。同時，他告訴兒子：「我並不反對你談戀愛，如果你願意，爸爸甚至可以和你分享年輕的時候和你媽媽相遇相愛的故事。爸爸只是擔心，你現在對於這樣一份責任是否有足夠的能力去承擔，也不想你因為感情問題而忽視學業。」

兒子收到信後一直沒有回音，父親也不去逼問。幾天後一個週末的晚上，兒子在飯後鼓起勇氣向父親坦白：「爸爸，我已經看到你寫的信了。有你這樣開明的爸爸，我覺得很幸運。你放心，你所擔心的事情都不會發生，我也會很認真地考慮自己的這段感情。」

這位父親一直懸在心裡的那塊大石頭總算是落地了⋯⋯

第四節 底線與盲區──高中時期，如何教孩子親密關係的小知識

引言

做父母的人，都想著給自己的孩子一個純潔乾淨的生長環境，都希望自己的孩子在如染缸一般的社會中出淤泥而不染。直到有一天，忽然發現這個半大孩子竟然有了男（女）朋友，甚至偷嘗了禁果，父母便會陷入焦慮之中。

現今，孩子的性意識越來越「開放」，甚至到了令人咋舌的程度。孩子們透過各種不健康、不正確的渠道在學習性知識。另一方面，家長卻一直站在守舊的思想意識裡，對孩子的性教育選擇掩耳盜鈴。

作為家長，應該及時準確地引導孩子走出性知識的盲區，避免觸及傷害自己與他人的底線。

家有兒女

小艾媽媽最近總覺得小艾有心事。吃過晚飯，小艾就一頭鑽進自己的房間裡，媽媽貼在門上，聽到小艾似乎在房間裡和誰通著電話，嘀嘀咕咕的，就是聽不太清楚。

第六章 窈窕淑女，君子好逑（愛情章）

小艾在國中收到男生情書的事情至今還讓媽媽心有餘悸，媽媽生怕小艾又和班上的某位男生在談戀愛。進入高中了，學習更加緊張，小艾媽媽更是一刻也不敢放鬆，絕不能讓談戀愛影響到女兒的學業。

這天晚飯後，媽媽趁小艾還沒來得及躲進臥室就叫住了她：「小艾，最近是不是有什麼事，能不能告訴媽媽？」小艾的表情很難捉摸，似乎有話想說，但是又挺猶豫的。「媽媽，我想告訴你個祕密，但你聽了別生氣。」

媽媽覺得小艾說得很謹慎，也嚴肅起來：「行，你說吧。」

「我的一個好朋友玲玲，上學期交了個男朋友，現在好像是懷孕了。她自己也不能確定，也不敢跟她媽媽說，讓我陪她週末去醫院檢查。我有點怕，我該怎麼辦？」

媽媽聽完嚇了一跳，沒想到時常報紙上刊登的，在校女生意外懷孕的事情會發生在女兒的身邊。如果是自己的女兒攤上這樣的事情，自己怕是真的要嚇暈過去。

「小艾，你聽媽媽說。玲玲的事情你千萬不能管，讓她自己和她家裡人說去。如果出了什麼事情，誰也承擔不起責任。另外，你不能再和玲玲走那麼近了。媽媽都不知道你在學校交的是些什麼朋友。『近朱者赤近墨者黑。』這句話你應該知道，玲玲那樣的女孩子如此不自重，只會讓你也慢慢學到她身上的不良習氣。所以媽媽一直以來都不許你和男生交往，你看多危險，一個不小心，就把自己毀了。如果是你發生這樣的事情，我可丟不起這人。」

小艾沒想到自己本來是想尋求媽媽的建議和幫助，到頭來卻變成了一場針對自己的「批鬥會」。學校那麼多談戀愛的同學，難道都是丟人的嗎？自己以後也會交男朋友，怎樣才算不把自己「毀」了呢？

聽你聽我

家長的無奈：孩子，我該如何說才能讓你明白？

第四節 底線與盲區──高中時期，如何教孩子親密關係的小知識

孩子長大了，開始嘗試著和異性有一些親密接觸。但是關於如何把握好交往的尺度，特別是性的話題該怎麼和孩子談，這一直是一個令家長困惑的親子教育問題。

大部分家長受到傳統思想的束縛，覺得很難對孩子啟齒「性」的話題。他們懷著孩子會「無師自通」的想法，採取一種不作為的方式。「儘管我們當年成長的時候社會和家庭的性教育更加保守封閉，但我們最終也慢慢瞭解了性。」

曾經有一位家長遇到過這樣的事情：「有一次，我和上高一的女兒聊天，談到有關性的問題，告訴她性行為會懷孕。沒想到女兒竟然直接說『你的意思是不是只要戴安全套就可以了呀』，弄得我不知道怎麼接話，場面相當尷尬。」在許多父母看來，「不作為」的性教育也未嘗不是一種避免尷尬的可行方式。

還有一些家長，雖然有著對孩子進行性教育的意識，但是卻不知道從何著手。這也讓他們很是頭疼。

孩子的心聲：媽媽爸爸的「談性」特別老土。

一位高中生在和心理健康老師聊天時談道：「爸爸媽媽在性方面根本不知道怎麼教育我們，和他們『談性』會讓我渾身不自在，覺得特別老土和尷尬。再說了，父母說的，我早就知道了，網路上多的是，比他們說得更多。他們講的都是陳詞濫調。那些生理衛生，學校以前也都上過，誰不知道呀！」這也是大多數孩子對父母性教育態度的看法。

和孩子一起成長

隨著生理的漸趨成熟，高中時期的孩子常對與自己年齡相當的異性產生更大的興趣，並且開始有了一些親密的接觸。而如今，電視、電影、遊戲等文化產品中性愛情節非常豐富，孩子很容易接觸到性文化。他們也可能透過朋友、色情書刊或色情網站獲得扭曲的性知識。一些孩子由於缺乏必要的性的自控能力和性道德意識，對待性行為比較隨便。只要有合適的時機、有性需求，就有可能發生性行為。

而父母，作為孩子最親密的導師，如果沒有及時給予孩子正確的、科學的指導，在面對親密關係的時候，孩子很難做出對自己有利的選擇，往往會盲目突破交往的底線。

一、父母不能再「掩耳盜鈴」

1. 請先轉變舊日觀念

現在的家長成長於一個性封閉的時代，幾乎沒有接受過正式、系統的性教育，處於性知識貧乏、性教育觀念陳舊的狀態。

作為家長，在面對孩子親密關係的時候，首先應該轉變自己的教育觀念。很多家長會提及對如何教授孩子有關親密關係的知識時難以啟齒，其實不少家長自己本身就缺乏正確的性認識。曾經有位家長在得知進入青春期的兒子自慰後，拚命喝斥他，導致這個孩子一直不能正確理解「自慰」現象，對「性」充滿了恐懼，直到成年。

2. 說得多不如說得對

有不少「開放」的家長在和孩子談到有關性問題的時候，為了迴避尷尬的氣氛，東拉西扯，或者很刻板地像醫生講課一樣，把有關知識全部說給孩子聽。這也是為什麼不少孩子和父母聊到性的問題時，感覺父母特別老土，氣氛特別尷尬的原因之一。

其實，對孩子的性教育並不是為了讓孩子徹底掌握有關性方面的知識和學問。這些知識在現代社會，可以透過很多途徑獲得，例如書籍、網路、學校的課堂等。父母的主要任務是為了達到糾正孩子性心理方面的有關問題，幫助孩子建立正確的性觀念和態度，這個才是父母應該教授給孩子的內容。

二、試試這樣做

1. 制訂家庭契約

青春期的孩子喜歡異性是很正常的事。父母首先應該尊重孩子的這種好感，但是需要明確告訴孩子在這個階段，學業還是最重要的，要學會等待。如果是女孩更應該在異性交往中把握好尺度，學會拒絕，學會保護自己。

如果父母原則非常明確，對孩子會產生直接的影響。在一些親密行為的時候，他們會嘗試著思考：父母對我的期待是什麼？我應該怎麼做才不會違反原則？同時，父母和孩子可以共同商量，制訂一些具體的行為準則。

比如晚上應該幾點前回家，邀請異性朋友到家玩時，不能把房間的門關上等。

2. 與孩子保持開放的交流

主動灌輸孩子相關性知識，而不是等到孩子出現性行為之後才開始。

孩子不僅需要掌握兩性生理結構，也要向父母學習兩性交往的道德觀、價值觀，並瞭解性行為的後果，包括可能導致懷孕、傳染性疾病以及情感受傷等。

與子女談性，確實不易啟齒。家長不妨事先想好談論的話題，並選擇適當的時機，譬如就電視場景、讀過的書或文章、孩子身體發育變化等趁機引出話題。另外，應注意談話中孩子的響應，瞭解他們已經具備哪些性知識。

圖書館有不少性知識教育的書籍和錄像，父母可以與子女一起閱讀觀看。更重要的是，家長平時應保持與孩子開放交流，孩子一旦有問題主動找家長諮詢，而非向朋友或網路諮詢。

家長，你今天學到了嗎？

1. 推薦圖書

《如何與孩子談性》

這本書出自一對美國夫婦。這對夫婦有 9 個孩子，他們從孩子 7 歲起進行成長話題（諸如什麼時候可以性行為）的教育。他們將自己對孩子進行性教育的經驗細緻總結，提供了 3～19 歲孩子的性教育方案，有大量現成的對話可以學習。最有幫助的是，此書將性行為與家庭責任、忠貞愛情、生命的神聖糅合在一起，對家長和孩子都很有意義。

2. 母親和孩子簽訂的等待真愛立約卡

第六章 窈窕淑女，君子好逑（愛情章）

「為什麼真愛需要等待」立約卡

我現在知道並且相信在我的生命中可以有一份真正美好的愛情，為了得到它，我決心等待。我鄭重承諾，為了我自己、我的家庭、我未來的伴侶以及我們將來的孩子，我要把性保留在婚姻當中。我要為我的決定負責並且堅持到底。無論我遇到什麼壓力和誘惑，我都要謹記我的諾言。如果我遇到不同觀點的挑戰和無理取笑，我會亮出我的觀點並說明緣由。

我知道在世界上還有很多和我一樣的人，我們做出的是正確、成熟、勇敢的決定。我們珍愛生命、珍愛自己並尊重他人，我們願意為自己的生命和愛情負責！

立約人：

時間：

第七章 崇仁尚德，厚德載物（品性章）

第一節 生命的重量——1.5～4歲，培養孩子人文關懷的關鍵期

引言

「我2歲的孩子一直喜歡撿地上的東西，花紙、小鐵片、小瓶蓋等各種小玩意。」

「我孩子上幼兒園了，放學回家總喜歡撿路邊的小石頭、小樹葉之類的小玩意兒，還喜歡把別人丟棄的小碗、小盆之類的小物件拾回家。」

對此，不少家長勒令禁止孩子這一愛撿東西的喜好。但也有家長在看到孩子撿到小東西那欣喜滿足的樣子時，又陷入了深思：是不是絕對不可以撿東西呢？如果是個玩具呢？我們小時候也是撿過東西，並且視為珍寶的。

偉大的教育家蒙臺梭利調查研究發現，1.5～4歲是孩子對細微事物感興趣的關鍵期，這個年齡階段的孩子特別喜歡關注周邊環境中的細小事物。家長可以藉此引導孩子愛護大自然裡的動植物、尊重宇宙中的萬千生命，從而培養孩子熱愛生命、敬畏生命、尊重生命的人文關懷意識。

家有兒女

小雨在離家不遠的小學上一年級。因為和同住一個村子的小飛哥哥在同一所小學讀書，所以小雨每天都和小飛哥哥一起相伴上學、放學。

小雨放學回家的路上會經過一片麥田。一天，在放學經過麥田的時候，小雨似乎聽見了小狗微弱的叫聲，她停下來仔細聽，好像是從旁邊的麥田裡傳來的。

小飛也聽見了，兩人對望了一會，同時朝聲音的來源地走去。果然，在一個麥堆下面兩人發現了一隻受傷的小狗。小狗可能才幾個月大。牠的後腿

受了傷，站不起來，腿上還有斑斑血跡。小狗看上去十分可憐，要是不用藥，肯定會死的。

小飛說：「小雨你把它帶回家上點藥吧！我家裡沒藥，要是小狗治好了，將來還可以看家。」

小雨回答說：「不行的，我媽媽不讓我帶小狗小貓什麼的回家，我媽說它們很髒。」

小飛也不確定帶小狗回家後自己是否會挨罵，但看到受傷的小狗，內心的憐憫之情油然而生。於是果斷地說：「那就帶回我家，你等會兒把藥給我……」

兩人商量好就帶小狗回家了。小雨媽媽見女兒回來，就問她怎麼今天比平時晚回家，小雨支支吾吾地說：「我……剛剛在……小飛哥哥家玩……」

小雨見媽媽去做晚飯了，就偷偷把藥藏在衣服袋子裡，悄悄地跑到小飛哥哥家裡，兩人齊心協力給小狗抹藥。

媽媽做好飯，卻發現小雨不見了，小雨奶奶說小雨去小飛家了。媽媽跑到小飛家，剛好看見兩人正在給小狗抹藥。

媽媽當時就生氣了，大聲對小雨說：「你怎麼又去撿這些髒東西，牠們身上有多少細菌你知不知道？你會生病的！」

小雨媽媽轉過臉對小飛說：「小飛，你是哥哥，怎麼教小雨撿這些髒東西，以後再這樣，小雨就不能跟你玩了，趕緊把髒東西給扔了。」

說完，媽媽一把抓住小雨的手就往家走。在水池邊，媽媽用香皂使勁地搓洗小雨的手，小雨的手被搓得通紅，小雨很痛，又不敢哭，只敢小聲地說：「媽媽，你不要生氣了，我以後再也不撿髒東西了……」

小雨媽媽聽了，臉色緩和了一點，對小雨說：「記著就行，不准再有下次，而且就是一條狗而已，別人都扔了，你幹嘛要撿來養？還浪費我們家藥……」

聽你聽我

家長的無奈：孩子怎麼就喜歡撿路邊的「髒東西」。

「我的孩子 3 歲了，我每天送她去幼兒園，最近發現孩子在路上總愛東瞧西瞧，然後撿路邊的樹葉、石頭來玩。我跟她說那很髒，但她還是不聽，非要撿來玩，話說重了她還要鬧情緒。我就不明白了，家裡玩具一大堆，而且孩子平時要什麼玩具也都會滿足她，怎麼還喜歡撿路邊那些『髒東西』來玩呢？」

相信不少家長都有這樣的苦惱，自己可謂費盡了心思卻也阻擋不了孩子那顆愛撿路邊「髒東西」的喜愛之心。其實，很多家長能夠理解孩子愛撿路邊「髒東西」的舉動，因為他們小時候也有這樣的喜好，還經常帶一些小物件回家，拿來當自己的玩具，更是視若珍寶。可是，自己那時候的環境和現在有太大的差別了。至少以前疾病的花樣就沒有現在多，現在撿來的東西上真是不知道會沾了什麼細菌。

基於這樣的擔憂，家長也不得不勒令禁止孩子撿「髒東西」的舉動。但是道理給孩子講了很多遍，難道非要親身遭遇一回才知道其中的利害？

孩子的心聲：它們在我眼中都是有趣的寶貝。

1 歲半左右，孩子開始具備發現細微事物的能力，他們能發現很多成年人忽略的東西，並且享受「探究」的過程。正如一位媽媽曾這樣描述自己 2 歲的孩子：「在一頁圖畫書裡，他能發現畫得只有手指尖那麼小的黃鸝鳥，並且每次看這本書都要找出來。看到地上的煙頭，就會異常興奮，大喊：『煙頭！』然後徑直衝過去，拾起煙頭，高舉過頭頂。在樓下玩小石頭，每次回家必定會挑一塊石頭帶走。」

2～4 歲的孩子更對世界萬物充滿了好奇，特別是在成年人眼中毫不起眼的細微事物，他們往往可以研究半天。比如說，在我們成年人眼中再普通不過的一根小吸管，一位 2 歲的孩子也許能玩上一整天。他可以時而把吸管放進嘴裡咬，時而將管口輕輕「刺」在皮膚上，模仿醫生打預防針；甚至睡覺的時候，他都還會把吸管攥得緊緊的，拿著入睡。

第七章 崇仁尚德，厚德載物（品性章）

和孩子一起成長

一、對細微事物感興趣的關鍵期，孩子迷戀撿「髒東西」的緣由

義大利教育家蒙臺梭利經多年觀察研究發現，1.5～4歲是孩子對細微事物感興趣的關鍵期。忙碌的大人常會忽略周邊環境中的細微事物，但是孩子卻常能捕捉到其中的奧祕。這個年齡段的孩子會對泥土裡的小昆蟲或衣服上的細小圖案感興趣，他們喜歡撿垃圾、小扣子，喜歡觀察小動物。在對細微事物感興趣的關鍵期裡，那些細微的事物在孩子的眼裡無比新奇，總能給他們帶來數不盡的樂趣。這種對細微事物的觀察其實不僅僅是孩子觀察能力的開端，也是家長進一步培養孩子人文關懷的好機會。因此在這個時期，父母要理解孩子，不要刻意阻止孩子對細微事物的關注，並且要有足夠耐心去欣賞孩子的可愛舉動，在保證安全的前提下，給他們一定的自由，讓孩子學會熱愛自然，熱愛身邊的事物。

二、把握對細微事物感興趣的關鍵期，培養孩子的人文關懷

曾幾何時，我們會毫不猶豫地扶起跌倒的老人；我們會義不容辭地救起無助的傷者；我們更會理所當然地遵從內心的善念，在人們需要幫助的時候，我們會伸出援助之手。然而，隨著經濟發展和物質條件的改善，我們的人文素養卻在不斷地經受著考問。「清華高才生硫酸潑熊」「都市女子高跟鞋踩死小貓」「小月月事件」等這類令人扼腕嘆息的事件，無疑在我們家長心裡敲響了一記警鐘。那麼，在孩子那顆善良之心還未被汙濁之氣侵染時，讓我們為孩子穿上一件防護的小外衣。家長可以把握孩子對細微事物感興趣的關鍵期，有意識地培養孩子的人文關懷。具體可以參考以下三點。

1. 參與孩子撿「髒東西」，並教育引導

面對孩子喜歡撿東西的習慣，有的家長因為孩子小、不懂事而強令禁止，有的家長很理解孩子，但又擔憂現今的環境質量，由此陷入困惑猶疑中。然而，有的家長卻參與到孩子撿東西中，藉機教育引導。您可以向下面這位家長學習。

「我的孩子很喜歡撿地上的東西，我也樂於參與其中。如果孩子撿到樹葉，我會告訴他這是什麼樹的樹葉，樹和樹葉有各種各樣的種類。如果孩子撿到石頭，我會問他這塊石頭像什麼？有什麼用？如果孩子撿到的東西實在太髒而又捨不得丟，我就讓孩子帶回家讓他在水盆裡清洗，讓他看看盆裡的汙水，再告訴孩子這渾濁的水裡有許多細菌，這些細菌可能使我們的身體生病。」

2. 帶孩子去大自然觀察事物

在對細微事物感興趣的關鍵期裡，家長還可以經常帶孩子到大自然中，接觸真實的事物。大自然有廣袤的森林、寬闊的天空，還有小小的花鳥蟲魚，素材豐富多彩、千姿百態。置身大自然中，孩子可以趴在地上看螞蟻搬運糧食，可以蹲在花朵邊觀察蜜蜂採蜜……當孩子在大自然中對細節和細小動植物觀察時，家長還可以往前再邁一步，藉機培養孩子的人文關懷意識。正所謂「眾生皆平等，萬物皆有靈」，家長可以向孩子傳遞這樣的聲音，在他們幼小的心裡播下「愛護宇宙萬物，尊重萬千生命」的善意種子。

3. 給孩子傳輸「泛愛眾」的理念

古代賢哲強調的仁者愛人，不是滿足於只愛自己的親朋。所以我們要踐行《弟子規》的《泛愛眾》，「泛」就是廣泛，很普遍的意思；「愛」就是慈悲，有愛心；這個「眾」，講的是眾生，就是說除了人之外，你還能擴展到動物、植物。「凡是人，皆須愛，天同覆，地同載。」這句話很感人，它教導我們：作為人類的一分子共享一片藍天，共居一塊大地，難道我們不應該相互愛惜嗎？我們不但要愛人，天同覆、地同載的萬物我們也都要愛。如我們喝過的礦泉水瓶、吃剩的飯盒和塑膠袋集中丟放，這就是對其他萬物的愛。這在環境保護已經成為人類共識的今天是特別重要的。

家長，你今天學到了嗎？

有很多小朋友很喜歡畫圖，甚至在家裡牆壁上亂塗亂畫，畫完以後，自己非常高興地向父母展示。看到孩子這麼天真，父母也捨不得責罵他，只好

再把牆壁粉刷乾淨。還有一些孩子，沒有整理房間的好習慣，書籍東放一本西放一本，衣物隨處堆放，看起來亂七八糟的。

《弟子規》中的「房室清，牆壁淨，几案潔，筆硯正」教導人們，書房要整理清潔，牆壁要保持乾淨。讀書時，書桌上的筆墨紙硯等文具要放置整齊，不得凌亂，觸目所及皆是井井有條，才能靜下心來讀書。家長可藉此教育和引導孩子，因為這不是簡單地培養孩子收拾房間、整理衣物的好習慣，而會更多地教導人要心懷謙卑與尊重，要愛護自己的物品，它們每一個都有靈性。我們說「一分誠敬得一分的利益」，那麼有十分的誠敬，你就能得到十分的利益。

第二節 幸福的樣子──兒童期以前，培養孩子幸福觀的關鍵期

引言

　　金錢能夠買來床鋪，但是不能買來睡眠；

　　金錢能夠買來書籍，但是不能買來智慧；

　　金錢能夠買來飾品，但是不能買來美麗；

　　金錢能夠買來食物，但是不能買來食慾；

　　金錢能夠買來奢侈，但是不能買來教養；

　　金錢能夠買來藥品，但是不能買來健康。

這一首小詩可謂是金錢價值觀教育的極佳教材，它形象地詮釋了金錢的所能與所不能。那為何仍有那麼多人瘋狂追逐金錢，並將金錢與幸福相等同？不少家長為了不讓孩子輸在起跑線上，更是拚命地讓孩子讀好學校、考好大學，以便將來能找好工作、買大房子。這不禁引人深思：到底什麼是幸福？

家有兒女

「鈴鈴鈴……」放在桌上的手機突然響起來，把正在翻看兒子成長相冊的小宗媽媽嚇了一跳。原來是小宗所讀幼兒園的老師打來的電話，說小宗和同學小偉打架，需要小宗媽媽到學校一趟。

小宗媽媽急匆匆地趕到學校，看見小宗和一個小男孩站在老師的面前哭泣，小宗媽媽和老師打了招呼就趕緊把兒子抱在懷裡，心疼地問道：「兒子，有沒有受傷？是不是他欺負你？」

小宗媽媽一邊說，一邊打量著小偉，見小偉穿了一身很舊的衣服，就轉過頭去問老師兩人為什麼會打架？老師向小宗媽媽說了兩人打架的原因。原來是上圖畫課的時候，小偉不小心把彩色顏料塗到了小宗的新衣服上，因為小宗十分喜歡這件新衣服，見衣服被小偉搞髒了，就推了小偉一下，兩人就這樣打起來了。

老師剛說完，小偉媽媽也趕到了。小偉媽媽向老師瞭解情況後，提出賠償小宗的衣服。小宗媽媽看了小偉媽媽一眼，輕蔑地說：「這衣服是小宗的姑姑從國外帶回來的，國內沒有賣的，而且要一千多塊呢！」

小偉媽媽沒想到一件小孩的衣服都這麼貴，當時就愣了一下。小宗媽媽見小偉媽媽愣住，就笑笑說：「不用你賠了，反正我兒子也不差這一件衣服。」

於是小宗媽媽帶著小宗就離開了，邊走邊對小宗說：「兒子，以後不要和小偉玩了，他家那麼窮，對你沒什麼好處，而且看他媽媽的樣子，他們一家肯定生活得不開心。」

小宗聽了就問媽媽：「為什麼他們生活得不開心？我看小偉每天都過得挺開心的呀！」

小宗媽媽馬上次答：「看他們家那麼窮，怎麼會過得開心！想買什麼都買不起，你少和這種人接觸，知道了嗎？」

小宗媽媽在教育兒子的同時，小偉媽媽也在和小偉探討今天的事。小偉媽媽對小偉說：「你不小心把小宗的衣服弄髒後，給他道歉了嗎？」

小偉擦了擦眼淚說：「我給他道了歉的，可是小宗卻推了我一下，所以我才和他打起來。而且小宗還罵我是窮鬼，從沒有拿玩具給小朋友玩，所以小朋友們都不和我玩。」

小偉媽媽見兒子的傷心樣，心裡很不好受。她沒想到小偉在學校被孤立，原因竟然是自己沒錢買玩具……

聽你聽我

家長的無奈：沒錢才心酸，有錢叫幸福。

「房奴」「卡奴」「孩奴」，甚至「菜奴」，被綁架的「奴生活」相繼泛濫開來。在城市中，不乏身心俱疲、辛辛苦苦、努力奮鬥的貸款購房者。他們在城市的寫字樓中擁有1平方公尺的隔間、月月還房貸、出門坐公車、中午吃盒飯。好不容易攢夠了房子的首付，擠進了「房奴」的人流，又馬不停蹄地奔向了「孩奴」。為了孩子的未來，很多家長不惜拼上一切，可謂一生都在為子女打拚、為子女忙碌、為子女掙錢。在孩子小腳剛邁進課堂時，他們便開始勾勒「讀好學校、考好大學、找好工作、掙大錢、買大房子」的美好願景。

看到這裡，一些家長感同身受：沒房子、車子、票子，你的生活能好到哪兒去？常年租別人的房子，你能有安全感嗎？沒有一定的積蓄，你敢去大醫院看病嗎？看看在北上廣打拚的年輕人住的地兒，你還能不屑我們這些忙於掙錢的人嗎？什麼叫鑽錢眼裡，有錢才叫幸福，沒錢只能是心酸。

專家的視角：金錢不是幸福的本源。

俗話說：「金錢不是萬能的，沒錢卻是萬萬不能的。」那麼作為家長，我們應該如何引導孩子正確地看待金錢與幸福的關係。《漁夫與富翁的故事》是大家耳熟能詳的故事，這則故事杜撰的起初是要嘲笑富翁那一類人，他們整天拚命工作，頂著壓力，把生活搞得複雜艱難，到頭來驀然發現，自己所追求的其實就在身邊。

因此，在經濟飛速發展、競爭愈加激烈的當代社會，漁夫的生活態度是否值得大家推崇呢？這首先需要我們思考：當漁夫躺在漁船上晒著太陽時，是否需要想著明天的早餐在哪裡？當他悠閒地吹著海風時，是否需要惦記他的孩子去何處讀書升學？那麼，家長向孩子灌輸金錢的重要性是十分必要的，但金錢與幸福並非簡單的線性關係。所以，家長應該深入一些，引領孩子探索幸福的本源。比如，關於漁夫與富翁，他們各自幾時打魚，幾時晒太陽；幾時賺錢，幾時渡假。像這類涉及理解生活和生命本身的命題，家長應該引導孩子去思考。

和孩子一起成長

一、對「幸福」的誤讀，沉溺於金錢追逐的緣由

社會中不乏這樣的人，當終於擁有了很多外在物質的時候，卻並不覺得開心。有一句調侃的話說：「有錢的人說煩，沒錢的人更苦，什麼都有的人也天天說沒意思。」心理學家們透過調查研究也發現類似的悖論：當今世界，科技、經濟迅速發展，物質水平有了很大的提高，但更多的人卻感到精神疲憊，覺得不幸福。那麼，到底什麼是「幸福」？

「幸福」，從字面理解，幸：「土」，代表房子；「$」，代表金錢。福：一家人，要有吃的，有衣服穿。從這樣的解釋來看，我們有了房子、錢、家人，就該擁有了幸福。那麼，當擁有這些之後，為何還是覺得生活沒意思呢？對此，馬斯洛需要層次理論能有效地給予解釋。該理論告訴我們：人在滿足了生存、安全的需求之後，就渴望被尊重，希望人格與自身價值被承認。

第七章 崇仁尚德，厚德載物（品性章）

```
         自我實現
      受人尊重(被認同)
      社交(人際關係)
      安全(獲得保障)
      生存(基本需求)
```

馬斯洛需要層次理論

所以，真正的幸福跟金錢沒有直接關係。真正的幸福跟人際關係有關，跟健康有關，跟持續的自我成長有關。

二、培養孩子的幸福觀，齊步走

反觀當下社會中，不少人陷入「奴生活」的掙扎中，房價、物價比工資漲得快，這是毋庸置疑的事實。但這些瘋狂的「奴生活」現象也隱藏著另一個真相：在慾望與現實的衝撞中被扭曲的人性，在資本時代慾望不斷被激發、現實卻永遠得不到滿足，讓人本身呈現近乎歇斯底里的病態。所以，在兒童時期當孩子對金錢有了概念時，家長便要開始教育引導了，避免孩子將來陷入「奴生活」中。

1. 引導孩子樹立正確的金錢觀「我爸爸有很多很多錢，你要多少都給你！」

「這種壽司4個才25塊，看一場電影才30塊，已經很便宜了。」

「這支筆送給你？當然不行啦，2塊錢1支，很貴的！」

不少孩子會說類似這樣的話，不知家長有沒有想起自己的孩子又是怎麼看待「錢」的呢？現在的孩子大多過著衣食無憂的日子，手中也有了可以自由支配的零花錢，怎樣教育孩子樹立正確的金錢觀，也成了家長們共同關心的問題。

在金錢觀的教育上，有些家長錯誤地把金錢獎勵和孩子的學習成績、考試分數掛鉤，只要學習搞好了，就大把獎勵鈔票。也有些家長在金錢獲取觀

上，機械模仿《窮爸爸富爸爸》，把賺取零用錢與做家務聯繫起來，這容易導致孩子「鑽進錢眼裡」，變得勢利。

所以，家長要有明晰的金錢價值觀，引導孩子釐清金錢與幸福感的關係：金錢能做什麼？金錢能換來一切商品，使人獲得物質享受。

金錢不能做什麼？金錢不能換來非物質的東西，如食慾、健康、感情、信賴、幸福快樂等。

2. 培養孩子的「幸福力」

什麼是幸福力？《哈佛幸福課》的主講老師將幸福定義為：「快樂與意義的結合。」而現在，社會上普遍認為：幸福＝金錢＋名譽。對於孩子而言，幸福則是：幸福＝好成績＋好學校。為了孩子真正擁有幸福的生活，家長可以在兒童期就有意識地培養孩子的「幸福力」，簡單地可以從培養積極態度的「特殊稱讚法」入手。

（1）從小事稱讚

當孩子能夠遵守約定，或是有了一些平凡的成就，父母就應該對他說出鼓勵的話。在反覆進行小小的稱讚後，孩子的大腦中就會像習慣一樣開始形成積極的態度。

（2）稱讚要具體

「我剛剛看見你把糖果分給小朋友，你真是一個懂得分享的孩子！」家長應該給孩子類似這樣具體的稱讚。因為如果用「很乖，很漂亮」這樣抽象的話，孩子會不明白父母究竟對他的什麼行動有所期待，也無法養成積極的習慣和思考方式。

（3）稱讚行為本身

當孩子做一件事情時，比起最終結果，父母應該把實現結果前的努力過程看得更重要。因為，孩子並不是完美的，有時候可能會出現和自己的意志無關的、不理想的結果。重要的是家長要看到孩子自己有希望去嘗試的意願。

家長，你今天學到了嗎？

幸福的 10 條「小提醒」

幸福在人類文化中是一個古老的概念。如果我們把從古到今有關幸福的書都蒐集起來的話，那絕對可以辦一個小型的「幸福圖書館」。關於如何抵達「幸福」，朱德庸曾發過微博：開往幸福的車票人人都想買，但有的人能買到一次，有的人能買到兩次，有的人則一輩子只能候位，有的人連車站都沒找著。

《哈佛幸福課》的主講老師塔爾·本·沙哈爾更是堅定地認為：「幸福感是衡量人生的唯一的標準，是所有目標的最終目標。」

為了更好地記住「幸福課」的要點，塔爾·本沙哈爾還簡化出 10 條小提醒：

(1) 遵從你內心的熱情；

(2) 多和朋友們在一起；

(3) 學會失敗；

(4) 接受自己全然為人；

(5) 簡化生活；

(6) 有規律的鍛鍊；

(7) 充足的睡眠；

(8) 慷慨；

(9) 勇敢；

(10) 表達感激。

第三節 這件事，我負責——小學期間，培養孩子責任感的關鍵期

引言

在家裡，孩子絆倒了，母親教孩子罵「凳子壞壞」；

吃飯時，孩子把桌上的碗碰翻了，媽媽怪自己沒放好；

孩子漏做了數學題，媽媽怨爸爸只顧著看報紙，沒檢查孩子功課；

孩子學校春遊，媽媽一晚上醒三次，怕誤了喚醒孩子早起；

……

在我們生活中，類似這樣父母為孩子大包大攬的行為更是舉不勝舉，幫孩子整理書包、收拾玩具，給孩子洗週末帶回家的更換衣服更是習以為常。然而令人諷刺的是，這些父母在大包大攬的同時，又在抱怨孩子不獨立、不自覺、沒有責任感。

孩子是否有責任感，關鍵在於父母要有這樣的意識和行動：讓孩子為自己的行為負責，而父母也要身體力行做好孩子的好榜樣。

家有兒女

鈴鈴鈴……放學的鈴聲終於響起來，本來安靜的校園一下子就熱鬧起來，大家背上書包向校門口湧去。

沒一會兒，喧鬧的校園就安靜下來了，就在這時，教室的樓道上傳來了兩個男孩打鬧的聲音。

這兩個男孩就是小威和小凱，兩人中午約好了放學一起踢球。現在校園裡的學生都回家了，兩人就趕緊把書包放在教室外的走廊上，拿著足球到操場上踢了起來。

兩人剛踢了一會兒，就有一群高年級的學生走過來，把小威和小凱趕走。小威和小凱被趕走後，兩人都還想踢卻沒有場地，怎麼辦呢？小威靈機一動，

對小凱說：「我們就去教室外的小操場踢吧，那裡也能踢，雖然場地小了一點，但只有我們兩個人，在那踢沒關係的。」

小凱有些擔心地說：「在那踢會不會不安全，要是把教室玻璃踢碎了怎麼辦？」

小威聽了之後，立馬回答：「沒關係的，我們小心一點，一定不會踢碎玻璃的，而且現在學校裡又沒人，不會有人發現我們的！」

在小威的慫恿下，小凱終於答應在教室外的小操場踢球。兩人剛開始小心翼翼地，踢了一會兒後兩人就放開動作，踢得不亦樂乎。

就在兩人踢得熱火朝天的時候，小威一不小心，把小凱腳下的球踢飛出去了，只聽見「嘭」的一聲，教室的一塊玻璃被踢碎了。

小威和小凱不知所措地看著教室外的碎玻璃。兩人心裡十分害怕，不知道該怎麼辦。

待兩人平靜下來後，開始想解決的辦法。

小威想了一會兒，轉頭對小凱說：「反正現在沒人看見，我們就偷偷地跑回家吧！」

小凱聽了，睜大眼睛望著小威說：「我們還是跟老師說吧，畢竟玻璃是我們踢碎的。」

「告訴老師了，我們一定會被罵的。」小威立馬反駁道。

最後，兩人決定悄悄地回家。

小凱回到家後，幾經猶豫還是把學校發生的事告訴了媽媽。媽媽聽完立馬問道：「有人看見你倆踢碎玻璃了嗎？」

小凱回答道：「沒人看見，因為已經放學很久了，學生都回家了」。

小凱媽媽說：「那你千萬不要說，反正沒人看見，不必花錢賠償。說了也可能影響老師對你的印象，記住了嗎？」

小凱支支吾吾地回答說：「哦，知道了。」

跟小威的約定，只是讓小凱內心稍有不安，而現在媽媽的叮囑，卻讓他陷入了極大的困惑。

聽你聽我

家長的無奈：我的孩子怎麼這麼沒擔當？

兒子今年讀國一。有一次，他不小心把家裡的相機摔壞了，一點內疚的感覺都沒有。無奈之下，我扣了他兩個月的零花錢，用來抵償維修的費用。不料，他惱羞成怒，絕食抗議。這名家長說：「兒子一點責任心都沒有，真不知道該怎麼辦！」

這是某報紙刊登的一則讀者來電，真切反映了一位家長的無奈與嘆息。而更有一位家長坦言被自己兒子的舉動弄得瞠目結舌。

兒子考上了縣裡重點高中，家裡人都為此高興不已。兒子卻突然說：「爸爸，你要給我三千塊錢作為獎勵。」父母都不解地問其原因，沒想到理由居然是：「我自己憑藉努力考上了重點高中，為你們省下了高價買讀的三千塊錢，你們應該把這筆錢拿來獎勵我。」

這可謂是荒誕不已。在日常教育中，我們家長也總是引導孩子要有責任、敢擔當，特別是男孩子，時常提醒他們要做一個頂天立地的男子漢。但家長希望孩子彰顯他們的責任感時，他們的言行舉動卻總是讓人失望不已。

專家的視角：成長的契機，不經意間被放走。

「讀小學的時候，跟我要好的小夥伴在家裡都會幫忙拖地、洗衣服什麼的，還會跟爸爸一起學做飯，可有趣了。我也好想這樣，但是媽媽不是讓我去看書學習，就是嘮叨我洗不乾淨、幹得慢之類的。現在等我讀國中了，媽媽開始抱怨我什麼家務活都不會幹，連學習成績也沒那麼拔尖。」

毫不懷疑，生活中有的家長正是這樣做的。他們忽視了生活中的日常小事，沒有覺察到這些恰恰是培養孩子自主擔當能力的良機。長此以往，孩子也習慣生活在父母的塑造和安排下。這樣，孩子的身體在不斷地成長，而心裡卻住著沒長大的小孩。所以，十五六歲的高中生，甚至二三十歲的成年人，

他們心裡可能依舊住著僅五歲的小孩。我們是無法讓一個五歲的小孩為青少年，甚至為成年人的行為和生活負責。

和孩子一起成長

一、誰「抹殺」了孩子的責任感

現代家庭多為獨生子女家庭。如果父母再以孩子為中心，以「小皇帝」「小公主」寵之，孩子便容易以自我為中心，缺少責任感。其實，孩子的責任感是在一些家長的大包大攬中慢慢被「抹殺」的。

1. 越俎代庖，家長包辦一切

「每個生命須獨立承擔他生命的責任。」任何人都不可能對別人負起責任，而有的父母卻以為自己可以。他們總認為孩子還小，幫他（她）做點事是應該的。可是，他們卻未想過，在關心、保護孩子的同時，忽略了孩子是需要學會負責任的。在包辦代替和過度呵護下，孩子自身的責任意識就逐漸被抹殺或淡化了。

2. 家長對孩子不信任

有的父母有意識要培養孩子的責任感，但總是擔心孩子發生危險或意外，於是管束孩子，不許幹這個，不許幹那個。長此以往，養成了孩子膽小、怯懦的性格。還有的父母對孩子不放心，時刻監督孩子。當聽到孩子說：「我可以管好自己，你不必操心了！」他們會立即表現出不信任，甚至不屑。這樣不僅會傷害孩子的自尊，同時也錯失了幫助孩子成長的契機。

3. 家長的負面榜樣作用

孩子是否有責任感，父母的影響是最重要的。一個負有責任感的父母，孩子也會習得相應的、積極的行為方式。父母的言談舉止直接影響著孩子。為了教育孩子，父母應該特別注意自己的行為規範，不能把錯誤的、不良的習慣在不知不覺中傳染給孩子。

二、如何培養孩子的責任感

第三節 這件事，我負責——小學期間，培養孩子責任感的關鍵期

在培養孩子的責任感時，家長應奉行「我愛你，所以不能完全為你負責」的理念。也就是說，家長可以為孩子做所有能做的，但不為結果負責，而是引導孩子學會自我負責。這個「負責」至少有兩種含義：做主和擔當，即一個是做決定的權利，一個是承擔的義務。結合上述原因分析，家長可以這樣去培養孩子的責任感。

1. 結合日常生活進行教育

抓住生活中的方方面面，引導孩子從點滴做起，在實踐中培養他們的責任心，增強責任感。在日常生活中，家長應盡量讓孩子獨立完成自己的事，除了及時、獨立完成功課外，還要學會自己整理書包、收拾房間、修補圖書等，讓孩子參與到家庭生活中來。另外，還可以創造條件讓孩子飼養一些小動物，讓孩子獨立照顧小動物的飲食起居，這能很好地培養孩子的責任感。

2. 要果斷地對孩子放手

在生活中，一些家長總是不放心孩子做這個做那個，擔心這個做不好那個做不好的，同時又不斷抱怨孩子不獨立、不自覺、沒有責任感等。孩子的責任感源於家長的放手，父母的包辦行為會使孩子失去責任感。因此，家長要有意識地培養孩子獨立做事的能力。如果孩子遇到困難，家長可在語言上給予指導，但是一定不要包辦代替，而是給孩子機會把事情獨立做完。

3. 注重言傳身教

教育家陶行知說：「我要兒子自立立人，我自己就得自立立人。我要兒子自助助人，我自己就得自助助人。」同樣，要培養孩子的責任感，家長首先就要敬業愛崗，有強烈的責任感，因為父母是子女的第一位啟蒙教師。所以，幫助孩子樹立責任感的最好（也可能是最難的）方法，就是用自己的行動為孩子樹立榜樣。例如：你應該把車鑰匙放在固定的地方，而不是隨便往客廳桌子上一扔；你要把雜誌整理好，而不是亂攤在沙發上等。

家長，你今天學到了嗎？

訂立責任合約

現在的學生們全年沒有一天不寫作業——週末老師布置作業，寒暑假老師布置作業。父母們還要帶著他們滿城跑，參加各種提高班。上學、作業、考試壓得學生們喘不過氣來，他們失去了童年，也失去了樂趣。

這段話生動地描繪了當下許多學生的現狀，他們可謂苦不堪言，承受著父母和老師的雙重壓力。然而，丫丫的父母卻能讓女兒主動學習，而且丫丫還能一直保持名列前茅的好成績。那麼，丫丫的父母是怎麼做的呢？

身為女孩子的丫丫，性格大膽、愛冒險，學習成績不好，還喜歡玩一些男孩子的遊戲，如彈弓、爬樹。面對叛逆且成績又不好的女兒，丫丫的父親也曾頭疼不已。後來幾經摸索，他以尊重為基礎，跟女兒訂立責任合約：只要丫丫的成績保持在年級前三名，她便能做自己喜歡的事情。這不是簡單的獎勵，而是引導丫丫明白，學習是自己的事情，要對自己負責、對自己的人生負責。

■第四節 「言必信，行必果」──6歲以前，培養孩子誠實守信的關鍵期

引言

在社會生活中，諸如空頭支票、習慣性說謊、考試舞弊、乘車逃票、愛心雨傘和圖書有借無還等現象屢見不鮮。這類誠信缺失的現象如果發生在成年人身上，我們尚能理性且辯證地認識和看待它。

但是，如果發生在未成年孩子身上，甚至乳臭未乾的幼兒都開始說謊話時，相信很多家長會變得緊張起來：孩子這麼小就學會撒謊，長大了還得了？立身修德，為人之本，而誠信更是為人最基本的品德。不誠實、不守信的品性將會直接影響孩子的成長，直接影響孩子將來在社會立足。心理學研究表明，孩子從3歲開始學會說假話，4～6歲則更善於說謊，8歲的孩子能成功用謊言來欺騙父母。因此，孩子的誠信教育應從小抓起，從家庭教育做起。

第四節 「言必信，行必果」—— 6 歲以前，培養孩子誠實守信的關鍵期

家有兒女

　　鈴鈴鈴……吵人的鬧鈴響了，瑩瑩還在睡夢中，想到要討媽媽的歡心，一咕嚕就爬起來了。正巧媽媽過來，看見女兒不但已經起床，而且還把被子疊好了，感到十分欣慰。

　　這天吃午飯時，瑩瑩媽媽收到了女兒班導師李老師的簡訊。李老師告知瑩瑩媽媽，瑩瑩在這次月考中成績得到極大提高，在班裡的排名已經進入前10。女兒的成績變得這麼好，滿足女兒買個智慧手機的心願還是可以的。

　　半個月後，瑩瑩媽媽接到了班導師李老師的電話，希望瑩瑩媽媽趕緊到學校一下，瑩瑩上課不認真聽講，玩手機被任課老師抓到了……

　　瑩瑩媽媽聽見這個消息，立馬趕到學校，找到李老師。

　　到了李老師的辦公室，李老師把沒收的智慧手機放在辦公桌上，就問瑩瑩媽媽：「這個手機是你給瑩瑩買的嗎？」

　　瑩瑩媽媽一看，趕緊點頭說：「是呀！因為瑩瑩說同學們都買了智慧手機，所以她也想買，而且她向我保證，她的成績不會下降的。」

　　聽完這話，李老師驚訝地看著瑩瑩媽媽說：「瑩瑩是這樣對你說的嗎？我們班只有少數幾個同學用了智慧手機，而且只在星期六和星期天用。因為他們家離學校太遠，要放長假才回家，父母為了方便聯繫才給他們買的。」

　　聽李老師這樣說，瑩瑩媽媽非常震驚，心想：「瑩瑩怎麼會騙我呢？」

　　李老師見瑩瑩媽媽震驚的表情，嘆了口氣說：「手機你先拿回去，上課期間不能再拿給瑩瑩用了，還有瑩瑩撒謊的行為，我希望能引起你和孩子爸爸的重視……」

　　瑩瑩媽媽和老師交談完後就回家了。她沒想到自己的乖女兒會這樣撒謊騙人，真是小時候那會兒沒重視嗎？可是那麼小的孩子，你給她說道理，她也不懂呀！

　　終於，瑩瑩爸爸下班回來，瑩瑩媽媽趕緊把今天的事告訴他。

瑩瑩爸爸聽了之後，說：「以前瑩瑩說謊的時候我就說要好好教育一下，不然大了就得謊話連篇，你不相信，覺得女兒小，不懂這些，現在好了，騙我們給她買智慧手機了，而且上課還玩了起來。」

瑩瑩媽媽聽了之後，心裡更後悔了，可世上沒有後悔藥吃呀！

聽你聽我

家長的無奈：讓人無奈的「說謊」。

對於小孩子的說謊行為，有的家長認為孩子年齡還小，偶爾的說謊也沒關係。而且對幾歲的小孩講道理也是白費勁兒。等上小學能明事理了，再進行誠信教育，那時才叫事半功倍。不幸的是，這些孩子長大後，很多人開始出現不誠實、不守信的行為，甚至動輒就說謊，他們可以編出一套套謊言來欺騙父母、老師、同學。有的弄虛作假、考試作弊；有的跟母親謊稱學校組織活動要交錢；有的考試成績不理想，直接更改分數矇騙父母等。

相對應的，也有些家長則十分重視，甚至對孩子的謊話反應有些過度。有的家長會擔憂：我家孩子不知道怎麼回事，小小年紀就開始說謊騙人，這麼小就學得這麼狡猾。而有的家長發現孩子有不誠實的言行時，就會變得急躁、粗暴，甚至施加暴力，進行打罵、體罰等，而這樣卻只會適得其反，造成孩子為了躲避責罰、打罵而說謊。

專家的視角：關於孩子「說謊」的二三事。

孩子說謊多數是為了擺脫困境或掩蓋自己的錯誤。但另外兩種情況也容易被忽略，一類是孩子的認知能力發展尚未成熟，幼兒期的孩子，無意想像占主導地位，有意想像才剛剛萌芽。他們說的話有時就會顯得很誇張，例如：「我家裡有一個像房子一樣大的球。」他們會把看到的與聯想的、真實的與希望的、做過的與記憶的混淆，從而說出一些與事實不符的話。這時家長最好不要把這種情況視為不誠實，而要仔細區別孩子的想像和謊話。

另一類易被忽略的情況是家長自身的原因。美國著名心理學家大衛·艾爾金德認為：要想讓孩子有教養、守道德，父母首先必須是一個品德高尚的人。

所以，父母的不誠信行為，如偷看孩子的郵件，竊聽他們的私人談話，或窺視孩子的房間，這些會對孩子產生潛移默化的影響。

和孩子一起成長

一、寫在培養孩子的誠實守信前

發展心理學研究發現，3～4 歲之前的幼兒，區分不了現象與現實，甚至把想像、渴望的事情當作現實，而不自覺地說謊。比如，當別的小朋友向他誇耀自己的小木槍時，他會說：「我也有，爸爸給買的。」實際上他只有一把小水槍。

3～4 歲之前的幼兒還會因為對時間、空間、數量、人物關係等概念比較模糊而無意識地說謊。比如他們可能把以前統稱「昨天」。如，一個月前媽媽給婷婷買了一個可愛的娃娃，別人問她什麼時候買的，她會說是昨天買的。

因此，孩子的說謊可分有意識說謊和無意識說謊兩種。孩子的無意識說謊不是誠信的缺失。另外，說謊究竟是不是品質問題，還應考慮到說謊動機，如孩子在打針時，成人問他痛不痛，孩子為了表現出勇敢的精神而連聲說「不痛，一點兒也不痛」，還比如善意的謊言等，這些積極動機的謊言顯然不是狡猾或不誠信。

事實上，孩子是否誠信在很大程度上取決於父母的教育。對於孩子的謊言、不履行諾言的行為，家長不要隨意將其看成是道德敗壞而打罵孩子。

二、如何培養孩子的誠實守信

1. 以故事感染孩子

小孩大多數都愛聽故事，而且 4～5 歲是孩子萌芽悟性之時，家長可以透過講故事對孩子進行誠信教育。透過形象生動的實例、經典故事，使其明白其中道理。如韓國教授黃禹錫論文造假、狼來了、樵夫與河神等實例與故事。把做誠信人的道理寓於故事之中，使孩子明白什麼是誠信，什麼是虛假

和欺騙，認識到誠信自有它的回報。如果孩子付出誠信，他就會收穫信賴；如果孩子付出虛偽，他終會自食其果。

2. 和孩子一起制訂規則

4～5歲的孩子已能很好地理解並遵守規則，如湖南衛視熱播的真人秀親子節目《爸爸去哪兒》，裡面的小孩年齡多為4～6歲。因此，家長可以跟孩子一起商量，共同制訂一些規則，並協助孩子執行規則。例如：沒有得到別人的同意，不可隨便拿別人的東西；借了人家的東西要及時歸還；犯了錯要勇於承認；凡是答應別人的請求就一定要想方設法去做好等。這些規則一經提出就要嚴格執行，不能朝令夕改，並要重視克服「第一次」出現的問題。對執行規則，家長要態度堅決，嚴格要求，切不可遷就和姑息。

3. 充分相信孩子，允許孩子犯錯

哲學家羅素曾說過：「孩子不誠實幾乎總是恐懼的結果。」前面我們也談到孩子說謊多數是為了擺脫困境或掩蓋自己的錯誤。如果家長充分相信孩子的一切行為，當他們犯錯的時候，家長不是一味批評、責怪，而是耐心傾聽孩子的想法，幫助分析原因，對症下藥。

那麼，當孩子遇到困難時，他們會回家尋求幫助；當孩子犯錯誤時，他們會主動尋求原諒，並主動改正。這樣，孩子不會為了躲避責罰打罵而說謊。

4. 為孩子樹立真誠守信的榜樣

孩子是一面鏡子。如果孩子經常是無意識地撒謊，那麼很可能家長生活中也常說謊。所謂「近朱者赤，近墨者黑」，孩子往往就是在父母的不斷薰陶下逐漸學會說謊的。因此，家長一定要以身作則，身教重於言傳，多為孩子做表率，為孩子創設一個良好的成長環境。特別是當家長做錯了什麼事或錯誤地批評了孩子時，應及時向孩子認錯，說明原因，而不應該用家長的權威來壓迫孩子。

家長，你今天學到了嗎？

培養孩子誠實守信，家長可以從「許諾」和「規則」入手

關於「許諾」——平時，不要輕易許諾。比如，不一定能買到的一種特殊禮物，不能決定行程日期的一次出遊，就先不要許諾。但假如許諾了，就要放在心裡，記錄在記事本備忘錄上，一定要和孩子兌現承諾。萬一因特殊情況兌現不了，要真誠道歉，就像對我們的朋友、同事、上司一樣懷有歉意。不能因為孩子小，就輕易放棄對他解釋的機會。

關於「規則」——規則邊緣必須明確，允許就是允許，不許就是不許。比如，和孩子商定只能買一個玩具或者文具，可以讓孩子自己決定買什麼。如果孩子買完一個還要再買，就要鮮明而堅定地拒絕，不是生氣，不是憤怒，用平淡、平等的語氣拒絕就好了。另外，如果孩子很想買一個玩具，無論性價比多麼低、多麼不適合孩子，父母都不能否決，要讓孩子自己決定，相信孩子，讓孩子從錯誤的選擇中學習如何選擇。如果堅持只能有一次選擇的機會，那麼下次他們一定能確切體會到「斟酌」這個詞。

第五節 走一步，再走一步—— 3～6歲，培養孩子勇敢的關鍵期

引言

生活中，我們會看到太過依賴父母的小孩，他們「見到陌生人就躲到父母身後」「跌倒後，趴著哭叫」「不敢獨立出去玩」「上幼兒園要父母陪讀」……

而這些孩子的父母又多半會無奈地說：「這孩子不知為什麼如此膽小。離開我們，什麼都不敢自己做！」或氣憤地責備道：「你怎麼就不能像某某那樣勇敢、獨立呢？」「能不能別什麼事都依賴我們？都這麼大的孩子了！」而話音未落，他們又開始馬不停蹄地為孩子操勞。

勇敢是孩子身心健康成長不可缺少的意志品質，是一個人立足於世不可或缺的個性品質。勇敢能讓我們獲得新生，透過自己的能力到達成功的彼岸，軟弱只會讓我們更加卑微。勇敢不是天生就有的，那父母又該如何擔當起培養孩子勇敢的職責呢？

第七章 崇仁尚德，厚德載物（品性章）

家有兒女

　　春天到了。一天，小晨媽媽和小月媽媽約好兩家一起去森林公園野餐。兩家在森林公園入口集合後，就高高興興地向野餐地點走去。

　　孩子們很興奮。你追我一下，我追你一下，沒一會兒就走到了吊橋的前面，把閒聊的父母給落在後面了。

　　野餐的地點是在河對岸的草坪上，所以必須走過這座有點搖晃的吊橋才能到達目的地。

　　因為小晨的姐姐已經上國中了，所以她一點都不害怕，徑直往橋上走去。剛走上去，橋就開始搖晃了，而且越往中間走橋就越晃得厲害。

　　小晨和小月見橋晃得那麼厲害，兩人都嚇得不敢走了。

　　小晨姐姐走到吊橋的另一頭，發現弟弟和小月都沒有走過來。

　　就在橋頭叫他們倆一起過來，可弟弟和小月都不動，嘴裡還說著：「姐姐，我們害怕，不敢過來。」

　　小晨姐姐見兩人都不敢走，就往回走，笑著對小月說：「小月，我牽著你走過去，不用害怕，小月是一個勇敢的孩子。」

　　小月在小晨姐姐的幫助和鼓勵下，勇敢地走過了吊橋，小晨姐姐又往回走過吊橋去接小晨，可是小晨怎麼也不肯走，小月就在對面喊道：「小晨，你是個膽小鬼，我是女孩子都走過來了，你一個男孩子卻不敢走過來。」

　　小晨見小月都走過去了，猶豫了一會兒，用自己的小手緊緊地抓著姐姐，顫顫巍巍地向吊橋邁了一步。小晨姐姐不停地鼓勵著小晨，小晨拉著姐姐慢慢地向前移動。這時小晨媽媽他們也走到了吊橋的前面，小晨媽媽看見小晨姐姐牽著小晨走到了吊橋中間，嚇得臉色大變，立馬就叫小晨和姐姐停下。

　　經過這一嚇，小晨當即就哭了起來，小晨媽媽趕緊把小晨抱到了河對岸。

　　小晨媽媽剛放下小晨，就對著小晨姐姐一頓痛罵：「你明明知道弟弟的膽子小，你還牽著他過吊橋，要是出事了怎麼辦？」

小晨姐姐不服氣，立馬回答：「小月都走過去了，弟弟可是一個男孩子呢！他現在這樣膽小，以後怎麼辦呢？」

小晨媽媽聽了更生氣了，瞪著小晨姐姐說：「我不管其他人，我只要你弟弟安安全全的就行了。」

說完後，小晨媽媽轉過頭，邊拍著小晨的背邊說：「兒子，以後害怕的時候就叫媽媽，危險的地方一定不能去……」

最後，返程經過這座吊橋時，小月自己走了過去，而小晨卻是由爸爸抱著過去的。

聽你聽我

家長的無奈：含在嘴裡怕化了，捧在手裡怕掉了。

現代社會大多數家庭都是獨生子女，再加上中國的三代同堂，經常是幾個大人以一個小孩為中心。他們要杜絕孩子身邊一點點可能的意外，總是給孩子提供他們認為最好的保護。正如上文故事中小晨的父母一樣，不能讓「萬一」出現，總是小心翼翼地呵護著。

真所謂「含在嘴裡怕化了，捧在手裡怕掉了」。所以，當1歲就該學著自己吃飯時，家長卻在三四歲時還給孩子餵飯；當孩子兩三歲能獨立行走時，家長卻還抱著散步、遊玩；當孩子兩三歲就該能獨立跟同伴玩時，因為擔心孩子受委屈，便幾乎寸步不離；到3歲該適應幼兒園集體生活時，卻不得不陪讀……

專家的視角：獨立空間與磨煉是勇氣的必需品。

心理學家埃里克森認為人生的不同年齡階段會遇到不同的危機與問題。隨著這些危機的順利解決，人逐漸形成積極的人格和心理品質。而3～6歲正是兒童主動性發展的關鍵期，在這階段，兒童萌發出各種思想、行為和幻想，以及規劃未來前景。在這過程中，如果父母鼓勵兒童的獨創性行為和想像力，兒童會以一種健康的獨創性意識離開這個階段。然而，如果父母忽視兒童的獨創性行為和想像力，兒童就會以缺乏「勇氣」離開這一階段，將來

他們會害怕冒險、不敢主動創造，而傾向於生活在別人為他們安排好的狹隘圈子裡。

和孩子一起成長

一、為什麼孩子不夠勇敢

心理學研究認為嬰幼兒天生懼怕兩類事物：一是大而怪的聲音；二是失去支持與跌倒。其他的恐懼均是後天習得的。因此，孩子膽小怕事、不夠勇敢、時時處處都要父母陪著，這主要受後天的成長環境和教養方式的影響。具體原因主要有以下兩方面。

1. 過於狹小的成長環境

有些孩子生活範圍很小，平時只生活在自己的小家庭裡。從小由老人或保姆照看，很少帶孩子出去玩，很少接觸外人、外物。長此以往，孩子一見生人就躲藏，生人一抱他就哭鬧，遇見一些新奇的事物也不敢主動去觸摸、探索，而只是躲在旁邊看一看。

2. 極端的教養方式

（1）過度保護或嬌寵

有的家長對孩子過度保護，總怕孩子受欺負或遇到危險，幾乎寸步不離地保駕護航或者捨不得讓孩子吃一點點苦而過度嬌寵。為孩子包辦一切，不放手讓孩子同人接觸、獨立活動。這樣會使孩子膽小怯懦、依賴性強、缺乏主見，遇事優柔寡斷，甚至孤僻、不合群，不適應集體生活等。

（2）粗暴、恐嚇的教育方式

相對過度保護或嬌寵，有的家長會滑向另一個方面，即粗暴、恐嚇。例如：有的家長在孩子哭鬧時，經常用「鬼」「妖怪」等來嚇唬孩子；有的是在孩子吵著外出玩耍時，用「外面有騙子，會把你騙走」之類的話來欺哄，長期這樣會使孩子產生一種不信任別人、不安全的感覺；也有的在孩子做錯事時，總是嚴厲地訓斥或打罵，使孩子因怕失敗而退縮，最終也容易變得畏首畏尾，不夠獨立與勇敢。

二、如何培養孩子勇敢的品質

1. 轉變教育觀念與方法

孩子來到人世間的那一刻，家長就應明確「孩子是完全獨立的個體」。對孩子所有的照顧和教育，都是為了他能更好獨立於社會。所以，不要想著能為孩子遮擋所有的風霜雪雨，因而陷入過分保護或嬌寵的教養方式。孩子終將要與他人接觸，要走向社會，家長做得再多再好，有些意外傷害仍舊是無法避免的。同時，孩子雖然生活起居上依賴父母的照顧，但已是人格上、心理上獨立的個體，家長應該給予充分的尊重。當孩子哭鬧、不聽話時，家長應該在情緒上理解孩子，並試著傾聽、瞭解孩子心裡的想法。所以，不應該因為孩子身體上的弱小，便使用粗暴甚至恐嚇的方式教育他們。

2. 教育引導上要有耐心

在培養孩子勇敢、獨立的品質時，作為父母應有充分的耐心，注意說理，善於引導，要對孩子愛而不嬌，嚴格而民主，自由而不放縱，尊重孩子的一些獨創性的想像與行為，把孩子當作有獨立人格的家庭成員看待。此外，在孩子有進步和成功時，及時鼓勵；在他們失敗之時，耐心引導和激勵，更要捨得讓孩子遭受磨難，磨難是孩子成長的催化劑。

3. 給孩子學習和磨煉的機會

疼愛不等於溺愛，關懷不同於約束與限制，依戀也不等於依賴。因此，在孩子成長過程中，父母需要給孩子獨立的空間，給他們磨煉的機會，最終讓孩子收穫獨立、主動與勇敢。例如，孩子 3 歲時，家長應該讓孩子進幼兒園接受集體生活的訓練，體驗合群和團結友愛的情趣，同時也培養孩子獨立生活的能力。這一階段，家長應多帶孩子到外面走走、玩耍，如兒童公園、遊樂場和購物廣場等地方，讓孩子與外面的世界多接觸。在安全的情況下，還可以鼓勵孩子獨立跟同伴到住所附近的地方玩耍。在開始的幾次，家長可以在遠處觀察，但不要讓孩子看到。

家長，你今天學到了嗎？

《勇敢的小山羊》的教育啟示

在《勇敢的小山羊》故事中，小山羊一開始很膽小，但後來終於克服了心中懼怕，跳過了最難跳的山谷，從此小山羊再也不害怕跳山谷了。這則故事給予我們的啟示是：在自己害怕的事物面前，要鼓起勇氣，對自己的能力有信心，勇敢面對挫折與逆境。

因此，要讓孩子獲得勇氣，首先要讓孩子對自己的能力有信心。爸爸媽媽在生活中應盡可能讓孩子獨立做一些事情，如讓他自己穿衣、收拾玩具、吃飯等。孩子在獨立嘗試做這些事情的時候，會慢慢樹立對自己的信心，孩子的意志力也可得到鍛鍊。如果孩子做得不好，爸爸媽媽不必急於去幫助，應該「先等一會兒」，讓孩子自己克服困難。當孩子經過努力終於獲得勝利的滿足感時，克服困難的勇氣和信心也會隨之增強。

後記

　　教育是一件優雅而緩慢的事情。眾多教育學家和心理學家都致力於教育領域的研究，他們總結出許多理論及規律供我們借鑑參考。其中，「關鍵期」便是家庭教育中尤為重要的理論。關鍵期，是指個體發展過程中環境影響能起最大作用的時期。關鍵期中，在適宜的環境影響下，行為習得特別容易，發展特別迅速。但這時如果缺乏適宜的環境影響，就可能引起病態反應，甚至阻礙日後的正常發展。

　　因此，才有了本書的編寫。它以青春的語句，結合生活中的教育現象，遵循教育學及心理學的相關理論，講述關於孩子心理成長關鍵期的話題。本書從故事呈現、原因分析、對策提出三個方面出發，針對家長在孩子心理成長教育上常遇到的問題，或親子的衝突，或家長的困惑，站在科學的角度分析問題的成因，並提出具體教育對策及建議。希望本書能幫助家長抓住孩子心理成長的關鍵期，並運用科學合理的教育方法，更期冀每位家長能陪伴孩子快樂成長，幫助孩子鑄就健全完整的人格，創造幸福美滿的人生。

　　本書由長期從事心理健康教育工作的教師以及大學生編寫。全書共七章，孩子的年齡階段為 0～18 歲，內容涵蓋了行為、學習、自我、親情、友情、愛情及品性等七個心理成長領域。具體工作分配為：第一章由史光遠編寫，第二章由熊倩編寫，第三章由楊劍霞和張麗共同編寫，第四章由李娜編寫，第五章由楊劍霞編寫，第六章由張麗編寫，第七章由楊桂花編寫。另外，在本書的編寫過程中，還有楊歡、鄧麗群、張桂瑜、許馨月、左宗佑、關勝永、盧文強、靳林生、王振宇等參與了編寫工作。

　　在寫作過程中，我們參閱或引用了有關專家學者的專著、教材、論文和網站的一些觀點及材料，在此謹向這些文獻資料的作者表示衷心的感謝。

　　由於水平有限、時間倉促，書中難免有一些不足之處，敬請各位專家和學習者批評指正，以期再做修訂。

國家圖書館出版品預行編目（CIP）資料

三歲看大，七歲看老，孩子關鍵期的教育策略 / 楊桂花、張麗 主編.
-- 第一版. -- 臺北市：崧燁文化，2019.06
　　面；　公分
POD 版

ISBN 978-957-681-856-1(平裝)

1. 親職教育

528.2　　　　　　　　　　　　　　　　　　108009063

書　　名：三歲看大，七歲看老，孩子關鍵期的教育策略
作　　者：楊桂花、張麗主編
發 行 人：黃振庭
出 版 者：崧燁文化事業有限公司
發 行 者：崧燁文化事業有限公司
E-mail：sonbookservice@gmail.com
粉絲頁：　　　　　網址：
地　　址：台北市中正區重慶南路一段六十一號八樓 815 室
8F.-815, No.61, Sec. 1, Chongqing S. Rd., Zhongzheng Dist., Taipei City 100, Taiwan (R.O.C.)
電　　話：(02)2370-3310　傳　真：(02) 2370-3210
總 經 銷：紅螞蟻圖書有限公司
地　　址：台北市內湖區舊宗路二段 121 巷 19 號
電　　話:02-2795-3656 傳真:02-2795-4100　網址：
印　　刷：京峯彩色印刷有限公司（京峰數位）

　　本書版權為西南師範大學出版社所有授權崧博出版事業股份有限公司獨家發行電子書及繁體書繁體字版。若有其他相關權利及授權需求請與本公司聯繫。

定　　價：300 元
發行日期：2019 年 06 月第一版
◎ 本書以 POD 印製發行